淮北师范大学学术专著出版基金资助项目
安徽高校协同创新研究项目建设成果

大运河安徽段区域历史地理与体育文化发展

秦立凯 著

中国科学技术大学出版社

内容简介

本书是2020年安徽高校协同创新研究项目(GXXT-2020-032)建设成果,得到2020年淮北师范大学学术专著出版基金资助。本书尝试运用历史地理学这一学科理论方法研究大运河安徽段区域历史地理与体育文化发展,以人地关系为中心,考察大运河安徽段区域历史地理与体育文化发展的互动关系,把大运河安徽段区域历史地理与体育文化发展置于中国政治经济文化发展重心东移南迁的宏观背景下,研究区域历史地理对古代体育文化发展的影响,尤其深入探讨运河文明发展对区域体育文化发展的重要作用,并根据大运河安徽段区域历史地理和体育文化发展的现状,提出体育产业、体育旅游等区域发展战略,以期服务于美好安徽建设和大运河文化带建设。

本书适合区域历史地理学、运河文化、体育文化研究者和爱好者阅读。

图书在版编目(CIP)数据

大运河安徽段区域历史地理与体育文化发展/秦立凯著. —合肥:中国科学技术大学出版社,2022.10

ISBN 978-7-312-05461-7

Ⅰ.大… Ⅱ.秦… Ⅲ.①大运河—流域—历史地理—研究—安徽 ②大运河—流域—体育文化—研究—安徽　Ⅳ.①K928.42②G812.9

中国版本图书馆CIP数据核字(2022)第107905号

大运河安徽段区域历史地理与体育文化发展
DAYUNHE ANHUI DUAN QUYU LISHI DILI YU TIYU WENHUA FAZHAN

出版	中国科学技术大学出版社 安徽省合肥市金寨路96号,230026 http://press.ustc.edu.cn http://zgkxjsdxcbs.tmall.com
印刷	安徽国文彩印有限公司
发行	中国科学技术大学出版社
开本	710 mm×1000 mm　1/16
印张	7.25
字数	142千
版次	2022年10月第1版
印次	2022年10月第1次印刷
定价	36.00元

前　言

大运河安徽段是我国大运河的重要组成部分,全长约180千米,其中有水段约47千米。大运河安徽段核心区是淮北市烈山区、相山区、濉溪县,宿州市埇桥区、萧县、灵璧县、泗县;拓展区是除核心区外的淮北市和宿州市全境;重点辐射区是除核心区和拓展区外的皖北地区。大运河遗址是皖北唯一的世界级文化遗产,也是皖北一张靓丽的文化名片。2017年2月,习近平总书记强调要"保护好、传承好、利用好"运河历史文化资源。2019年2月,中共中央办公厅、国务院办公厅印发了《大运河文化保护传承利用规划纲要》。2019年7月,中共中央全面深化改革委员会通过《长城、大运河、长征国家文化公园建设方案》。运河文化的保护、传承和利用研究日显重要。

历史地理学是研究人类历史时期文化的空间组合,即研究不同历史阶段各种文化现象的地域系统及其形成和发展规律的一门科学,其首要任务是复原某个地区文化的地理分布、地域特征,进而探讨形成这种分布以及特征的原因。历史地理学对一部分现实热点问题既做全面系统的分析,又保持历史的纵深,进而客观冷静地解决这些问题。

本书系2020年安徽省高校人文社科重点基地研究项目"唐宋汴河与皖北传统体育文化振兴研究"研究成果,旨在运用历史地理学方法探索隋唐大运河安徽段历史地理与民族传统体育文化发展的关系及其对当代体育文化建设的意义。

限于作者水平,书中难免存在疏漏之处,请广大读者和专家批评指正。

秦立凯

2022年5月

目 录

前言 ··(i)

第一章　中国运河区域历史地理与体育文化重心变迁 ··············(001)
　第一节　中国运河区域历史地理概况 ································(001)
　第二节　中国古代体育文化重心变迁 ································(003)

第二章　大运河安徽段区域历史地理与体育文化变迁 ··············(019)
　第一节　大运河安徽段区域历史地理概况 ····························(019)
　第二节　大运河安徽段区域体育文化变迁 ····························(022)

第三章　大运河安徽段区域城市历史地理与体育文化 ··············(047)
　第一节　城市与体育文化发展 ······································(047)
　第二节　大运河安徽段区域城市历史地理与捶丸运动景观 ············(056)
　第三节　大运河安徽段区域资源型城市转型与体育文化发展 ··········(068)

第四章　大运河安徽段区域体育文化发展战略研究 ··················(077)
　第一节　大运河安徽段区域体育产业发展战略研究 ····················(077)
　第二节　大运河安徽段区域体育旅游发展战略研究 ····················(082)
　第三节　大运河—徽杭古道户外运动带的文化内涵与发展路向 ········(103)

第一章 中国运河区域历史地理与体育文化重心变迁

第一节 中国运河区域历史地理概况

中国大运河是世界上开凿时间最早、流程最长的一条运河。它始于春秋时期，公元前486年吴王夫差开凿的从江都（今扬州）到末口（今淮安）的南北水道——邗沟。之后，勤劳的中国人民不断修建运河，有战国时期魏国在中原修建的鸿沟，三国时期曹魏在华北平原修建的白沟、平虏渠、利漕渠，孙吴在江南开凿的破岗渎。

隋朝统一全国后，为加强对全国的统治，发展江淮漕运，增强北方边防力量，从公元584年到610年，开凿了通济渠、永济渠，并重修了江南运河，终于完成了以国都洛阳为中心，北抵河北涿郡、南达江南余杭的大运河。唐代运河基本沿用隋代大运河体系。隋唐以后，伴随中国古代政治中心的东渐北移与经济重心的逐步南移，开通疏浚南北重要交通运输干线的大运河，已成为历代封建统治者的共识。

北宋时期，重视运河交通运输，开凿整治汴河、惠民河、广济河、金水河以及江淮运河、江南运河、两浙运河等重要运河河道，把江浙、江淮、荆湖等南方地区与河北、京东、京西以及京畿等北方地区连接起来。南宋时期也大力疏浚江南运河以供运输。

金、元、明、清四朝均定都北京，更进一步开凿沟通河北、山东运河河道以南连江淮各地。元世祖忽必烈统治时期，开凿济州河、会通河、通惠河等河道，直到公元1293年，终于完成一条从杭州直达北京的纵贯南北的大运河，使前代呈多支型分布的运河转变为单线型的大运河，从而把南北各大经济区直接联系起来。明、清两朝在整修运河方面，亦做出积极贡献。

大运河全长1782千米（未计浙东运河和其他运河），跨越今北京、天津、河北、山东、江苏、浙江四省二市，沟通了海河、黄河、淮河、长江、钱塘江五大水系。大运河长度是巴拿马运河的22倍、苏伊士运河的10倍，比这两条运河开凿时间早两千多年。此外，中国大运河丰厚的历史文化积淀，远非这两条运河可比。

大运河的开凿和贯通,深刻改变了运河区域历史地理状况,不仅营造了新的生态、生产环境,也极大促进了整个运河区域社会经济环境的改善,使运河区域成为繁荣昌盛的新经济带。

第一,运河开发促进了农田水利事业进步和南北农业技术的广泛交流,以及南北农作物品种的互相移植栽培。

第二,运河贯通有利于运河区域工商业发展。运河贯通加快了全国统一市场的形成,打破并改善地域性商业的闭塞状况。一大批官私工商业如造船业、瓷器业、酿造业、纺织业、印刷业、造纸业、金属制品业等蓬勃兴起。运河沿线忙碌起来,淮北柳孜运河遗址曾一次性发掘出八艘唐代沉船,可见当时商业运输之繁忙。

第三,运河贯通催生一大批运河城市的兴起。从今北京南下,经天津、沧州、德州、临清、聊城、济宁、洛阳、开封、徐州、宿州、淮安、扬州、苏州、嘉兴、杭州、绍兴等城市,宛如一串镶嵌在运河上的明珠。这些城市工商业繁荣、客商云集、货物山积、交易繁盛,是运河上一个个重要的商品集散地。

第四,运河贯通促进全国文化交流。不仅为运河区域文化发展提供了雄厚的物质基础,也促进了南北(包括东西)文化和中外文化交流,使各种地域文化和外来文化互相接触、融会、整合,形成独特的运河文化。运河文化有着博大的包容性和统一性,广阔的扩散性和开放性,强大的凝聚力和向心力。不仅加强了齐鲁地区和中原地区、江南地区的文化交融,而且把汉唐的都城长安、洛阳,两宋的都城开封、杭州和金、元、明、清的都城北京联为一体,不断减少区域文化的差异而呈现共同的文化特征,从而使各个区域文化融合为中华民族的多元一体的大一统文化,使得大运河成为人才荟萃之地、文风昌盛之区。

大运河亦是政治之河,对于维护历代统治作用甚大,对于民族交流融合和中华多民族国家的形成也起到重要的作用。历史经验表明,运河兴,朝代兴,运河衰,朝代衰。

运河区域历史地理变迁深刻影响古代体育文化而定兴衰。运河的贯通,不仅为体育文化形成和发展奠定坚实的物质基础,提供必需的政治、经济和社会环境,还促进国内外体育文化交流,并形成富有运河特色的运河体育文化。至今运河体育文化仍然是运河沿线人民日常生活的重要组成部分,为人们强身健体、丰富文化生活提供滋养。

运河体育文化也积极地折射并影响着运河区域历史地理状况。丰富多彩的古代运河体育文化不仅是运河区域文化景观的重要组成部分,也为运河区域政治、经济和社会发展起到积极的促进作用。

第二节　中国古代体育文化重心变迁

体育文化重心分布是历史体育地理学的一个重要概念,研究体育文化重心的分布与变迁是对体育文化区研究的深化,是体育地理学研究的一种拓展。

文化的概念众说不一,体育文化的概念也是见仁见智。一般来说,体育文化就是人们在体育生活和体育实践过程中,为谋求身心健康发展,具有竞技性、娱乐性、教育性等特点,以身体形态变化和动作技能所表现出来的具有运动属性的文化,包含一切体育活动所创造的物质文明和精神文明的总和。体育文化是一个动态的历史的概念,例如在原始社会,体育意识是朦胧的,体育文化往往和生产劳动、军事、宗教祭祀等联系在一起;到了奴隶社会、封建社会,体育的健身意识已经比较明确,体育文化开始分化出来;在现代社会,体育文化被赋予更多的功能,体育文化的内容更加丰富,体育文化的独立性更强,体育文化产业甚至成为国民经济的支柱产业,利用体育加强文化建设、经济建设、凝聚民族力量等成为目的性明确的自觉行为。

体育文化重心就是在一定历史阶段,体育文化现象比较集中,代表当时先进体育文化发展方向,并且对周边具有辐射力的区域。体育文化发达区就是在一定地域和历史阶段,体育文化现象比较集中,有一定影响的区域。显然,体育文化重心比体育文化发达区更具有影响力和辐射力,更能代表当时的体育文化精神,体育文化重心一定是体育文化发达区,而体育文化发达区不一定是体育文化重心。体育文化重心和体育文化发达区都具有相对意义,一般某个时代某个民族国家只有一个体育文化重心。

体育文化重心的判定应具有时代主流精神,往往涉及政治、民族等问题。例如,汉代政治中心虽然在长安三辅地区一带,但是体育文化重心却在黄河下游的齐鲁地区,因为汉代具有代表性的儒家风范的体育文化项目多发源于此地,或较早流行于此地。少数民族体育文化在多数时期不是中国主流体育文化,但在特定时期,少数民族体育文化对体育文化重心的文化性质有深刻影响。历史上,少数民族在某些特定时期,对中原体育文化造成影响,使中原体育文化吸收诸多少数民族优秀体育文化品质,这也是中国体育文化具有包容性、绵延不绝的原因之一。

中国体育文化重心及体育文化发达区的分布和变迁与众多因素有关,其中一个重要影响因素是中西体育文化交流。凡是中国体育文化发达之际,体育文化交流都很频繁,近代中国体育文化在改革开放和全球化背景下以其独特魅力不断发展壮大,而时下开展的文化大繁荣国家政策是很好的契机和强大的推动力。

一、体育文化重心变化的历史阶段

中国体育文化重心变迁的历史阶段可划分为汉代基本格局奠定时期、魏晋南北朝南北分化时期、隋唐宋东移南扩时期、元明清东移南扩巩固时期、近代沿海确立时期、现代东部都市领导时期等六个阶段。

汉代以来中国体育文化重心分布经历由西而东、由北而南的轨迹,体育文化发达区亦呈现由西而东、由北向南、不断扩大的现象,体育文化的变迁也经历了由古代向现代,由农业社会进入工业社会、信息社会的变迁,内容不断丰富的历程。

从春秋战国时期直到汉代,古代中国历经400余年完成社会和文化转型,形成汉代体育文化分布基本格局,对后世影响深远。近代中国经历前所未有的社会和文化转型,这一进程直至今日还在进行,转型的范围和深度都是极为深刻的。

(一)两汉:体育文化区基本格局奠定时期

两汉时期是中国历史上汉文化形成的重要时期,大一统观念逐渐形成,儒家学说逐渐居主导地位,多元一体文化格局在西汉时期得到基本稳固。较为封闭的地理环境造就中国体育文化的内向性特征,农耕经济使中国体育规模较小,中央集权使中国体育文化缺乏竞争性,儒道中庸的思维观念使中国体育文化缺乏对抗性,宗法观念使中国体育文化多重视集体性项目,具体表现为导引养生与竞技制胜、尚巧与尚力、官举民办与民举官办等中西体育文化差别。从汉代开始,中国体育文化初步转型,从尚武之风转为崇文,对后世有深远影响,但不可否认的是大汉王朝初奠中国体育文化格局,气象恢宏,昂扬向上,是古代中国社会体育文化发展的高峰之一。

西汉时期体育文化重心在齐鲁地区,以沛郡、鲁国、齐郡等最为显著,后期向西移动到南阳地区。体育文化发达区是三辅地区、蜀郡地区、荆楚地区。汉画像石(砖)是判断体育文化发展程度的重要参考资料,荆楚地区虽少有汉画像石发掘出土,但从文献记载来看,其体育文化亦比较发达,对汉代体育文化的影响较大,例如楚国舞蹈对汉代体育舞蹈的影响,所以荆楚地区亦是体育文化发达区之一。[①]汉代主要体育活动分布见表1.1。

齐鲁地区是中国早期娱乐体育文化的源头,是鞠蹴的发源地,乐舞、投壶、纸鸢、秋千、斗鸡、六博、棋类、养生等体育项目在齐鲁地区都很发达。齐人尚武史料多有记载,《史记·货殖列传》云:"齐俗宽缓阔达而足智,好议论,地重,难动摇,怯于

---

① 王玉金.从汉画看楚俗在汉代的延续及其影响[J].江汉考古,2004(2):8.

众斗,勇于持刺,故多劫人者,大国之风也。"山东临沂金雀山9号汉墓出土的帛画"力士"图,如图1.1所示。画面中所要表现的主题,似为角力前两力士对比试中的问题争持不下。①

表1.1 汉代主要体育活动分布

项目	安徽	山东	河南	陕西	四川	江苏	山西	浙江
射艺	8	73	15	43	10	6	3	
武术	21	26	12	11	1	4		
体操	6	109	43	3	14	3		2
蹴鞠		2	12	5		4		1
合计	35	210	82	62	25	17	3	3

注:根据刘朴《汉画像石中的体育活动研究》编制,有改动。

图1.1 山东临沂金雀山9号汉墓出土的帛画"力士"图

东汉时期体育文化重心移到南阳地区。南阳体育文化具有技巧动作和身体动作一致性的特点,基本功和高难动作相结合,体育文化形态广泛,娱乐性和比赛性增强,戏车和斗兽的独有形式等特征。汉代体育文化具有奠基意义,对后世体育文化发展具有重要影响。②有许多汉画像石反映了南阳地区的体育文化现象,如河南密县打虎亭二号墓室壁卷顶东侧,绘有壮士"摔跤"图(图1.2)。两人身材魁梧,头发蓬松,赤膊光腿,正在做登场时的亮相动作。河南唐河发现的一块汉代搏击画像石,其中也有剑术画面。图案左边一人头戴冠帽,身穿长衫,双手握钺,在搏击中,钺折人仰,欲倾于地;右边一人抛冠于空中,瞪目哆口,神色惊慌,手执长剑欲向进

---

① 王京龙.从齐鲁文化看中国早期体育娱乐活动的文化渊源[J].北京体育大学学报,2006(5):591.

② 邓霞.南阳汉画像所反映的汉代体育文化[D].开封:河南大学,2006:53.

攻者还击。①

图1.2　河南密县打虎亭二号墓壮士"摔跤"图

汉代三辅地区即京畿之地长安地区，不仅尚武之风盛行，而且娱乐体育文化发达，呈现恢宏向上的大汉风貌。《汉书·武帝纪》记载："元封三年（公元前108年）春，作角抵戏，三百里内皆观"，又"元封六年（公元前105年）夏，率师民观看角抵于上林苑平乐馆"。从这两项记载可以看出，其规模宏大，方圆三百里的人齐来观看。长安地区还流行蹴鞠，《西京杂记》称"汉成帝为蹴鞠，群臣以蹴鞠为劳体，非至尊所宜"。《西京杂记》载："侲僮程材，上下翩翻，突倒投而跟絓，譬陨绝而复联"，描写儿童在长竿横木上表演，脚跟倒悬挂的各种惊险技艺。据《西京杂记》载："九月重阳，士女游戏，就此祓禊、登高。"此外，六博、舞蹈也十分发达，马融《樗蒲赋》载："昔有玄通先生，游于京都。道德既备，好此樗蒲。"②《后汉书·蔡邕传》载："帝嘉其才高，会明年大赦，乃宥邕还本郡。邕自徙及归，凡九月焉。将就还路，五原太守王智饯之。酒酣，智起舞属邕，邕不为报。"③

蜀郡地区汉化较早，儒学色彩浓厚，休闲娱乐体育文化发达，众多画像石上的体育画像证明这里是当时体育文化发达区之一。四川成都出土的一块汉代先马走画像石，证明这里曾经存在高超的马术。成都扬子山二号东汉墓出土的画像砖中（图1.3），有一头上椎髻的男伎，上身裸露，足登木屐，双手舞六丸，其中一个在手中，另五个滞空，表演恰到好处，姿态甚是精彩。其左一位右手持剑，剑尖小挑弄一丸，同时左手还掷弄一瓶，其技巧之高着实令人钦佩。此外，成都昭觉东汉画像砖中还有弄七丸的图像。四川新都县出土的汉代画像砖有"骆驼建鼓舞"的表演场景，画像为一匹健壮的骆驼正缓步行进，驼峰间竖有建鼓，建鼓两旁各有一人，对坐

---

① 王建中,闪修山.南阳两汉画像石[M].北京:文物出版社,1990:36.
② 马其昶,马茂元.韩昌黎文集校注[M].上海:上海古籍出版社,1987:131.
③ 范晔.后汉书:卷七[M].北京:中华书局,2003:128.

于驼峰之上,每人两手各执一鼓桴,在鼓的两侧举臂昂首,且鼓且舞。这匹装饰华丽的骆驼正随着鼓乐节拍扬蹄摇头,甩尾起舞,慢步行进。

图1.3 成都市郊汉墓"观伎"图

荆楚地区体育文化发达表现在当地尚武之风浓厚。1973年,在湖南长沙马王堆三号西汉墓中出土的带有文字说明的导引图,是迄今为止所见到的关于古代导引的最生动、形象的资料。后来江陵张家山西汉墓又发现了竹简《脉书》,这是用文字讲述导引的一部专门著作。《史记·楚世家》记载:"若王之于弋,诚好而不厌,则出宝弓。"荆楚地区在方国时代,楚人尚武之风为时人所认识,楚国制剑精良,射箭技术发达,养由基是著名的射箭手。

汉代体育文化在儒学主导的情况下,显现出统一宏大、激扬向上的风貌,例如汉代乐舞楚风很炽,折腰长袖,奔放激越。车马出行图,马尾裹结、竞相奔突是其特点,虽然时隔两千余年,我们仍能从中体会到汉代体育文化自信、奔放的豪迈情怀。

(二)魏晋南北朝:初步南北分化时期

魏晋南北朝时期,由于气候变化及游牧民族的南迁,社会环境、整体价值取向与民族生活习俗的诸多不同,使两汉以来已初成体系的中国传统体育风尚受到了猛烈的冲击,并发生了巨大的裂变,出现了极为明显的地域性差异,形成了北方尚武、南方尚文的社会风气。

北方体育文化重心分布于洛阳一带,幽燕、长安地区是体育文化发达区。北方少数民族南迁,给中原带来刚健有为的尚武之风。北魏孝文帝推行汉化改革后即经常在朝殿或郊野举行大射之礼。统一北方的北周青年皇帝宇文邕,更是十分推崇礼射制度,曾数次率文武百官亲行大射、乡射之礼以示倡导。公元573年冬天,宇文邕亲自统领六军数万人马，在长安城东举行盛况空前的"讲武"活动，并"集诸军临射堂，大备军容"。北魏都城洛阳佛教盛行，武术活动也十分活跃，集我国寺院武术活动大成的少林寺就是北魏孝文帝在公元495年提倡建立的。洛阳的"大夏门御道西，(禅虚寺)寺前有阅武场。岁终农隙，甲士习战，千乘万骑，常在于此，有羽林马僧相善角抵戏，掷戟与百尺树齐等"。

羯族首领、后赵开国君主石勒，少年时代即"壮健有胆力，雄武好骑射"，后来纠集羯、汉勇士十八人跨马弯弓驰骋于幽并二州，官军莫敢撄其锋，号为"幽燕十八骑"。而幽并二州的民间骑射之术相沿成习，名扬南北。南北朝时期的杰出诗人鲍照在其组诗《拟古》中，就曾用"幽并重骑射，少年好驱逐"等诗句描述这一地区少年郎骑马习射的英姿与技艺。

北朝后期，骑射之风仍风行不衰。西魏文帝在长安关游园曾组织了一次别开生面的射箭比赛。"以金卮置侯上，令公卿射中者即赐之。"结果从小就立志"提剑汗马以取公侯"的宇文贵射艺高超，夺得金杯。公元558年5月，北齐开国君主高洋亲率文武百僚骑射于京都邺城之东，并令京师及附近所有男子妇女都要前去观看助兴，"不赴者，罪以军法"。这次骑射活动连续进行了七天才落下帷幕，可见规模之盛大。

南方体育文化重心在建康(今南京)一带。当时流行围棋、投壶等文雅项目，尤以围棋为盛。规模较大的全国性围棋比赛有两次。第一次是由齐高帝萧道成亲自筹备组织并自任总裁判的比赛。当时全国各地的围棋好手都云集建康，展开激烈的争夺战，最后冠军决赛在琅琊人王抗与吴郡人褚思庄之间进行。两人下了两天一夜，结果是王抗技高一筹，战胜褚思庄，成为名扬大江南北的"棋圣"。第二次围棋大赛是在梁武帝统治时期进行的，并将比赛结果张榜公布，榜上有名者竟达278人之多，其中还有一位年方八岁的小围棋国手陆琼，引起轰动，号曰"神童"。

南朝宋、齐、梁、陈各朝君主爱尚围棋者亦大有人在。宋文帝刘义隆曾命人遍录古今围棋高手对局图谱，藏于后宫，视若珍宝，时不时取出把玩欣赏。其子宋明帝刘彧更嗜棋成痴，为了把全国各地精于弈技之人尽行网罗于朝廷，特诏设围棋官于州郡县邑，任命其弟建安王刘休仁为"围棋州都大中正"，建衙门于都城建康，下设"围棋小中正""围棋清定访问官"等官员，负责察访举荐全国棋道名家，是中国历史上最早设立的国家围棋管理机构。

当时还出现了系统总结习武理论的《马槊谱》。该书为梁简文帝萧纲亲著，他在序中说："马槊为用，虽非远去，近代相传，槊已成艺。"槊即为稍或矛之别称，"已成艺"说明这种兵器在当时十分盛行。但是总体看来南方尚武之风不是主流，总体偏文弱之风。

东晋南北朝时期南北体育风尚的明显差异对后世两地社会风气和政局演化也

产生了截然不同的影响。"北方尚武"的体育风尚不仅使当时北朝国势蒸蒸日上，而且直接造就了一个朝气蓬勃、强大无比的军事集团——关陇军事集团。关陇军事集团最终完成了荡平南朝、统一全国的宏图大业，建立了大一统的隋朝和唐朝，推动中华民族走向新的辉煌。"南方尚文"的体育风尚不仅使当时南朝国势日益衰落，而且对后世江南社会风气产生了许多消极影响。近代史学家吕思勉先生对此曾有过精辟的论述："江淮之俗，本称劲悍。自晋室南渡，衣冠之族，为士人所慕效，武风乃渐就衰颓。后世江域之风，较河域为弱，盖始于此。"仅就国势而论，后世五代十国时期江南诸国将寡兵弱、难以坐大的历史局面，宋金对峙时期南宋王朝偏安乏术的窘迫情势，皆与东晋南北朝时期南方文弱之风的继续蔓延发展不无关系。

（三）隋唐宋：初步东移南迁

隋唐时期体育文化重心又从南阳回到长安地区，北宋移到开封一带，南宋移到临安。

隋唐时期的长安体育文化发达，气势恢宏，绚丽多姿，博大精深，是中国古代体育文化发展的高峰。据统计，仅长安市井流行的体育文化项目就达到三十余种，体育的参与者也极其广泛，从皇帝到走卒，从儿童到老人，从军士到文人，甚至妇女体育活动也达到空前繁荣，同时体育的竞技、娱乐、艺术因子均衡发展。[①]值得一提的是，唐代马球运动很发达，皇帝很喜爱马球运动。公元748年10月，唐玄宗与御林军进行了一场马球赛，他们齐心协力"忽挥月杖争击"，又"并驱分镳，交臂叠迹……如电如雷，更生奇绝"。据《新唐书·穆宗敬宗记》载："（唐穆宗）因击球，暴得疾。"宋袁枢《通鉴记事本末·宫弑逆》载："（唐敬宗）幸中和殿击球，自是数游宴，击球、奏乐、赏赐宦官、乐人，不可悉记……（唐宣宗）弧矢击鞠皆其妙……（唐昭宗）所余击球供奉，内园小儿共二百余人。"西域体育文化对隋唐影响很大，胡腾舞是当时有名的舞蹈，武术文化此时也得到很大发展，隋唐时期在古都西安推行武举制是中国武术发展史上一个重要里程碑，为唐代以后各朝所效仿和继承，它对推动中国武术在民间的发展具有重要影响。

北宋汴梁民间习武活动多与娱乐表演相结合。《东京梦华录》记载汴梁城有大小勾栏五十余座。"勾栏"是瓦子中专门演练武艺的场所，京师瓦子勾栏中表演有"相扑""棹刀""蛮牌""牌棒"等武技，供群众取悦和欣赏。北宋时期已有女子相扑活动出现于京师中，司马光《论上元令妇女相扑状》载："圣驾御宣德门，如诸色艺人，令各进技艺，赐予银绢，内有妇人相扑。"《续资治通鉴长编》载："选诸军勇士数百人，教以剑舞，皆能掷剑于空中，跃其身左右承之。"北宋东京的仕族子弟常在一

[①] 许万林，等.丝绸之路陇右文化与唐代长安体育的繁荣[J].体育科学，2005(5):76.

起习武比勇,市井街巷的民间习武之风亦很浓厚。

南宋时期杭州的角抵社、锦标社、相扑社、英略社等习武组织十分活跃,瓦子勾栏中的民间武术非常兴盛。瓦子是宋代的商业市场,其范围场地较大,聚集着各种商人、店铺、酒楼、茶馆等。瓦子中多有固定的"勾栏"举行武艺表演,《梦梁录》载:"瓦市相扑者,乃路岐人聚集一等伴侣,以图标手之资。先以女数打对套子,令人观睹,然后,以膂力者争交。"统治者对其中佼佼者给予奖赏。《梦梁录》载:"护国寺南高峰露台争交,须择诸道州郡膂力高强,天下无对者,方可夺其赏。如头赏者,(奖)旗帐、银杯、彩缎、锦袄……"

(四) 元明清:东移南扩巩固时期

仅以武术文化情况来看,元明清时期,体育文化重心在北京及其附近地区,南方体育文化也有一定发展。

元代诗人胡祗遹《紫金山大全集·相扑二首》诗中云:"满前丝竹厌繁浓,勾引眈眈角抵雄,毒手老拳毋借让,助欢鼓勇兴无穷,臂缠红锦绣裆襦,虎搏龙拿战两夫,自古都人元尚气,摩肩累迹隘康衢。"诗中展现了元大都浓郁的习武之风和京都民间争看角抵演武的盛况。元代京师军中注重培养选用擅长武艺的角抵武勇人才。《元史·仁宗本纪》载:"延右六年六月戊申,(京师)置勇校以角抵者隶之。"这反映了汉蒙文化融合的史实。

中国武术文化滋润和培育出的戏剧武打,早在元大都北京流行的戏曲中就已滋生发展,被称为"脱膊杂剧",展现武艺的各种功夫。元初杂剧《敬德不服老》中有唱词:"他十八般武艺都学就,六韬书看的来滑熟。"元大都北京杂剧家就占有十九位。他们的作品中记录有大量反映武打戏的描写,是研究元大都武术与武戏的宝贵历史资料。

明清两代的京都武会试和一般由皇帝主持武举进士参加的殿试,将京都武术活动推向高峰,天下武术名流云集北京。外场考武艺,内场考策论,试弓马,实质上是一次全国各地的各拳派武林英才的大聚会,康熙武探花杨炳就是来自直隶大名府内黄的一位民间梅花拳名师。清末最后一名武状元张三甲是直隶开州的一位世代务农的洪拳高手。这种文武并考的武举制度,造就了众多文武之才和名臣良将,客观上推动了明、清两代武术的大发展。

清末创立于北京城中的会友、永兴、万胜、志成、同兴、义友、源顺(永胜)、正兴八大镖局是京师武术交流的一个重要场所,镖师大多是蜚声武林的名家高手,他们在"走镖""会友"的往来中,将京都武术技艺传播到各地。清末民初崛起于北京的八卦掌、杨氏太极拳和意拳三大武术流派,迅速由北京传入民间各地。董海川、杨露禅、王芗斋作为武林巨擘为人所敬仰。

武状元的多少可以从一定程度上代表清代南北方武术文化的发展状况,我们不妨以清代武状元的地域分布来窥探南北武术人才的分布状况。由表1.2可知,从整体看,我国文武状元地理分布的格局是南文北武,二者分布的共同之处是集中在社会经济发展和交通方便的东部地区,中部和西部地区人数较少。我国北方的武状元人数较多,占全国四分之三左右,其中包括京城顺天府在内的河北省武状元人数最多,占全国三分之一以上;山东武状元人数占全国六分之一;河北和山东两省武状元人数共占全国武状元一半以上。南方浙江、江苏武状元人数较多。

表1.2 清代武状元籍贯地分布

省份	武状元	武状元分布比重	文状元分布比重
河北	35	37.6	3.4
山东	15	16.1	5.1
浙江	8	8.6	17.1
河南	6	6.5	
江苏	6	6.5	42.7

注:根据胡兆量等《中国文化地理概述》编制。

(五)近代:沿海体育文化重心地位的确立

受自然环境和社会环境影响,中国政治经济文化重心东移到沿海地区,中国民族体育文化开始受到西方体育文化的冲击,睁眼看世界,在枪炮下多灾多难的中华民族被迫走上向西方学习,探索自强之路。在体育文化领域,中华民族传统体育文化显露衰微之象,工业文明取代农业文明的伟大进程开始,社会深刻转型,文化相应也开始转型,体育文化重心衡量的标准不仅局限于民族传统体育文化,更重要的是融入西方体育文化标准,这里以西方球类文化在中国的传播和发展状况探讨中国体育文化的重心分布。近现代中国体育文化重心在沿海京津、上海、广州一带,体育文化发达区在武汉、南京等地带。

由表1.3可知,中国最早引入西方球类文化的城市都是沿海城市,这种表象下蕴含深刻的环境变化因素,以下将进行讨论。

表1.3 西方近代球类运动传入我国的城市和时间[①]

运动项目	传播城市	传播年份	与起源地时间间隔
足球	香港、上海	1840年	77年
篮球	天津	1895年	12年
排球	广州、香港	1905年	10年
网球	香港、广州、上海等	1885年	12年
羽毛球	广州、上海、北京等	1920年	47年

① 王顺堂.球类运动在中国的传播及其原因[J].沈阳体育学院学报,2004(5):18.

续表

运动项目	传播城市	传播年份	与起源地时间间隔
乒乓球	上海	1904年	14年
高尔夫球	上海	1896年	500年
垒球	广州、上海、北京、天津	1913年	26年

由表1.4可知,著名篮球队主要分布在华北、华东地区,上述球队中,两地区拥有著名篮球队数14支,其中,天津、河北、北平等华北区有9支著名篮球队;上海、南京等华东区有5支著名篮球队。值得一提的是"南开五虎"篮球队,由董守义担任技术指导,他们球技精湛,连续6年获得天津中学联赛冠军。1929年他们代表天津参加华北区运动会获得冠军,同年在天津、上海、大连先后战胜实力较强的美国海军队和海贼队、意大利队、法国队、日本队,以及访华的菲律宾大学冠军队。"南开五虎"从此得名。1930年他们又代表中国参加在日本举行的远东运动会。"南开五虎"队进攻以一传一切见长,防守采用联防。他们配合路线明确、熟练,防守积极,投篮准确,是当时中国篮球著名球队。

表1.4 近代中国篮球队的分布

队名	地点	时间	备注
"老鸡"篮球队	北京	20世纪20年代前后	
"师大五虎"篮球队	北京	20世纪20年代	
"木乃伊"篮球队	北京	1945	
"未名"篮球队	北京	1945	
"开滦"篮球队	河北开滦	20世纪30年代	
"战斗"篮球队	解放区	1938	
"中企"篮球队	昆明	抗战时期	
"东北大学"篮球队	辽宁	1929	
"中央国体"篮球队	南京	1933	
"两江"女子篮球队	上海	1929	
"华联"篮球队	上海	1937	
"大公"篮球队	上海	1947	
"回力"篮球队	上海	1948	
"竞进"篮球队	天津	1913	私人业余
"南开五虎"篮球队	天津	20世纪20年代	
"良华"篮球队	天津	20世纪30年代	
"华胜"篮球队	天津	1945	

队名	地点	时间	备注
"征轮"篮球队	西南	1943	
"东干"篮球队	延安等地	1939	

注:根据潘志贤、李犀《中外篮球文化》编制。

太平天国时期南京的习武活动更是异常兴盛,造就了许多文武兼备的起义领袖和杰出的沙场战将。民国之际成立于南京的中央国术馆,由戎马一生的西北军名将张之江先生苦心经营,为近代武术史增添了辉煌的一页,对近现代产生了重要的影响。

上海在近代的体育文化发展中地位尤其重要。体育文化娱乐方式极多,有些是从西方传入的。如赛马,春秋二季适合赛马。上海有三处赛马场,赛马场一在西藏路、静安寺路(今南京路)口,一在江湾镇西,一在引翔港。比赛一般先持续三日,从星期一至星期三。休息两天后则星期六复赛,观者云集,举国若狂。甚至有机关、洋行等停止半日办公的。《淞南梦影录》载:"海螺响起,骏足如飞,自三四马至十余马不等,或跑半圈,或跑全圈,以至之先后定胜负。每次必跑三日,跑毕,又有跳浜、跳花、箕架诸戏,观者几如恒河沙数。而教坊中姊妹,更无不高架马车,逐队而至。游客之似曾相识者,耳鬓厮磨,亦所勿禁,诚冶游之胜事也。"

赛船活动惊险刺激。"西人喜航海远游,巨浪洪涛,几若司空见惯。沪江无波涛窟,惟于春夏之交,在苏州河赛船为乐。其船用八人打桨,轻捷如飞,船上旌旆飞扬,戈矛闪烁,波谲云诡,得意夺标。其有不善驾驶者,衣履尽湿,几如讫济小狐,岸上人皆拍手姗笑,其即古水嬉之遗意欤。"①

西方拳击运动也传入上海。"西人有跳跃之戏,每年必举行一二次。张布幔于法捕房石台上,如行帐然,戏必以夜,燃地火灯千百盏,密若繁星,灿如白昼。所谓戏者,不过窄袖短衣,互相搏击,学魏隼之距跃三陌,曲踊三陌而已,盖西人于游戏之中,仍寓振作之意。青年子弟,藉此以舒筋力。"②

西方溜冰运动也很精彩。"溜冰者,亦西人行乐之一端也。择冬日严寒之时,空一室,沃水于地,水结复沃,如是数次,冰厚盈尺,西人乃穿铁齿高屐,飞行其上,以迅疾为胜。其有足力不竞者,跌仆于地,傍人皆拍手笑之。"③

上海还有跑狗运动,以明园为始作俑。不久申园、逸园的跑狗场先后开幕。因涉及赌博,经纳税华人会和西报攻击,公共租界当局勒令明、申二园关闭。逸园以变相方式,得以维持。

回力球,即手球,上海的四川路基督教青年会、静安寺西青年会设有球场,供会

---
① 葛元煦.沪游杂记 淞南梦影录 沪游梦影[M].上海:上海古籍出版社,1989:105.
② 葛元煦.沪游杂记 淞南梦影录 沪游梦影[M].上海:上海古籍出版社,1989:113.
③ 葛元煦.沪游杂记 淞南梦影录 沪游梦影[M].上海:上海古籍出版社,1989:121.

员娱乐,亚尔培路(今陕西南路)亦有回力球场一所。弹子房,自矜时髦者趋之若鹜,数月后即灭迹,自后大多设在旅馆、公寓中。

高尔夫球,初时设有十余个球场,继而各游艺场、小菜场均有设置。自大世界游艺场设球场于顶,后多效尤,美其名曰"高而富""美的高而富",遂为摩登运动。

在西方体育文化刚入中国的时候,还没有引起中国文化的强烈反抗,但是自甲午战争失败后,八国联军洗劫中国,积贫积弱的中国对传统文化进行全面反思,开始睁眼看世界,向西方学习,"师夷长技以制夷"。20世纪30年代掀起"洋土体育"文化之争,但是西方工业文明全面冲击中国农耕文明,体育文化也遭受强烈冲击,中国社会开始转型,文化也开始转型,这种转型持续至今日,目前正在以前所未有的速度进行,这也是目前学界把传统体育文化传承,中西文化论争作为热点学术问题的根源。可以预言,这种讨论在目前大的文化政策下,将长期持续下去,因为学术热点是现实生活的反映,中国社会转型、文化转型不完成,这种争论就会继续,在某个时段甚至会掀起高潮。

(六) 现代体育文化重心分布

改革开放以来,中国体育文化发展迅速,已经发展成为体育大国,但由于群众体育的不发达,青少年身体素质的不良,我国还很难称得上体育强国。目前我国正在大力推进文化发展战略,体育发达区域不断向西部扩张,这将改变体育文化重心的分布。一旦东西体育文化发达区相对平衡,中国体育文化一定更发达,这是从体育地理学角度分析所得到的预言性结论。

目前,我国奥运冠军籍贯分布东多西少,南北平分秋色,但力量型项目主要集中在东北和华北,技术型项目主要集中在江浙、西南。父母生理素质的遗传为子女的成长提供了客观可能,但后天的刻苦训练更为重要;经济条件好的地区,有资金支持体育竞技项目,杰出体育竞技人才培养得较多;家庭经济不太好,父母才舍得让子女从事体育竞技项目,子女才肯于吃苦,更可能在力量型项目上夺得冠军。教练是影响杰出体育竞技人才成材的最关键人物;不同的自然地理环境造就不同类型的运动员;社会舆论对运动员既是压力,也是动力,国家政策上的支持及对外交流,也是一个优秀运动员成长的不可缺少因素。[1]

二、影响体育文化重心变迁的环境因素

环境因素大致可以分为自然环境因素和人文环境因素。人文环境因素包括政

---

[1] 吴殿廷.中国杰出体育竞技人才成长因素的地理分析:以奥运冠军为例[J].地理科学,2007(6):779.

治环境、经济环境、文化环境、民族环境、科技环境等。在近现代社会,体育文化分布越来越多地受人文环境因素的影响,而自然环境因素的影响相比较而言,作用越来越小。

(一) 自然环境

体育文化受自然环境因素的影响是显而易见的,例如,高原训练法说明高原环境对人生理系统和比赛成绩的直接影响,利用自然环境提高成绩在这里得到集中体现。自然环境不仅直接影响到参与体育文化的主体人,而且通过影响经济发展进而影响体育文化。

齐鲁地区是我国早期的体育文化发源区和后来的体育文化重心区,这和其优越的自然环境是有很大关系的。齐鲁及其周围地区地处黄河中下游,土质疏松肥沃,气候温暖湿润,东靠大海,兼有鱼盐之利,发展较早,例如齐国都城临淄很早就发展成为一个繁荣的城市,《史记·苏秦列传》记载:"临淄之中七万户……甚富而实。其民无不吹竽、鼓瑟、弹琴、击筑、斗鸡、走犬、六博、蹋鞠者。"

无论是中国经济中心和政治中心的南移,还是中国文化中心和人才中心的南迁,其根本原因可以分为几个层次的连锁反应。首先,最近数千年来在以周期性的气候变化为重要因素的影响下,包括黄河流域在内的中国北方地区的地理环境由前期的优越、比较优越变为后期的比较恶化、基本恶化,使黄河流域的经济与社会发展受到严重影响。其次,在上述变化的影响下,引发了北方游牧民族周期性的南下。游牧民族对黄河、长江流域的进攻,实际上是游牧和农业两种不同性质文明的撞击,尽管它对文明之间的相互融合也有某种促进作用,但更大的影响是冲击了黄河流域经济、社会和文化的发展。在黄河流域环境恶化、游牧民族进占中原、社会分裂和动荡不安的年代,黄河流域人民为避战乱而一批又一批大量南迁,他们在客观上给江南带去了先进的文化和技术,从而为江南经济的开发与发展奠定了一定的基础,进一步促进了中国的经济、政治和文化中心向长江流域逐步转移。

体育文化重心移到南阳地区的原因在于气候变冷导致长安一带自然环境恶化,边地民族内迁,政治中心移到洛阳地区等。此外,南阳地区是光武帝集团发迹之地,豪强地主势力很大也是体育文化重心转移的重要原因。

中国地势西高东低,河流由西而东流,带来大量肥沃泥沙,沉积成平原,这对上海、广州等近代沿海城市的成长带来重要影响,肥沃的平原带来丰厚的农业产出,由此产生大量人口,促使工业和商业的繁荣和发展,给体育文化发展奠定雄厚的经济基础,使上海、广州等沿海城市成为重要的体育文化分布区。

唐代气候转暖,长安一带气候温暖湿润,适合农业生产,在此基础上,唐代手工业、商业等都得到发展,体育文化由此呈现繁荣景象。南宋时候气候又变冷,北方民族南侵,从而导致体育文化重心南移。

四川的地理位置值得注意,它是当时中西体育文化交流的中转站,凭借距离关中地区较近的便利条件,一方面文化和体育得到发展,另一方面对关中政治中心产生影响,甚至对全国体育文化分布产生影响,在当时具有重要地位。

(二)政治环境

政治和体育文化也是互相影响的,历史时期体育文化重心多是政治中心,这绝不是偶然的,政治中心具有调配经济资源和文化资源的权利,而且政治中心多建立在雄厚的经济基础之上。汉武帝时期,为显示国威,在长安举行大规模的体育文化展演,使长安成为重要的体育文化发达区。

明清时期,北京成为武举选拔之地。北京汇聚南北武术精华和武术名家,使北京成为体育文化重心分布区。

(三)经济环境

经济的基础作用是不言而喻的,一个地区经济发达,体育文化和其他文化就发达;经济薄弱,体育文化和其他文化就衰弱。历史上的体育文化重心基本都分布于经济发达区。蜀郡地区是体育文化发达区的原因在于它是我国文明最早发源地之一,汉化较早,早在秦代,其重要战略经济地位已经为统治者所认识。张若的取楚之策已经认识到蜀郡的重要意义,他认为由于战国李冰建造都江堰工程,使成都平原沃野千里,蜀郡也成为著名的鱼米之乡,为秦朝战胜楚国提供了重要物质基础,也提供了统一全国的基础。所以蜀国在汉代是著名的体育文化发达区,这在汉画像石上多有反映。再如汉唐盛世,长安地区农业生产稳定,经济繁荣,使长安成为体育文化发达区。南宋时期,发达的经济是临安成为体育文化重心的基础。

(四)文化环境

体育文化和其他文化互相影响、互相作用,由此对体育文化重心分布造成影响。三辅地区体育文化发达的原因在于它靠近北部边地,骑射文化盛行,再者长安是政治中心,具有良好的体育文化基础。《礼记·内则》载:"十有三年学乐,诵诗,舞勺。成童,舞象,学射、御。"西周王都的天子之学"辟雍",就是学礼习武之地。《麦方尊》铭有:"在辟雍……王射大鸿禽。"古都西安在西周时期的军旅武艺活动十分兴盛。《礼记·月令》载:"季秋之月……天子乃教于田猎,以习五戎。"五戎即五兵:戈、殳、戟、酋矛、夷矛。《月令》又载:"孟冬之月……劳农以休息之,天子乃命将帅讲武,习射御、角力。"从《周礼》《礼记》《仪礼》"三礼"中传递出的西周国都的尚武之风中渗透了浓厚的礼教思想。

魏晋时期,南方玄学盛行,使建康成为以尚文为特色的体育文化重心。南宋时期采取崇文抑武政策,加之中国经济中心东移南迁的大格局,南方文化发达,使临安成为以娱乐体育文化为主要特色的体育文化重心。①

(五)民族环境

历史上,边地少数民族多以勇武著称,但对中国体育文化重心分布并未形成大的影响,仅在特定时期,例如生存环境恶劣时,边地少数民族内迁,就会影响到体育文化重心分布。如上文所述,南北朝时期,北方民族南迁,带来刚健的尚武体育文化,形成北方以洛阳为中心的尚武的体育文化重心。

(六)中西文化交流环境

张骞出使西域拜官后,大汉子弟竞相陈述西域富有特色的体育文化,以争取西使,官方也大力支持,胡人体育文化项目一度成为时尚。汉代体育文化交流的路线主要是陆路交通,既有西北丝绸之路,又有西南丝绸之路。体育文化交流成就了汉代恢宏的气象,并且对后世产生很大影响。体育文化交流中心长安及关中地区成为文化发达区,也使相邻的四川成为体育文化发达区之一。

近代积贫积弱的中国开始艰难地向西方学习,中西体育文化交流频繁。不过和汉代不同的是,汉代以中国体育文化为主,西方体育文化具有附着性吸收特征,即西方体育文化仰慕中原汉代体育文化,主动和汉代体育文化交流,而近代西方体育文化多是伴随殖民侵略和中国体育文化交流的,中国体育文化处于被动状态。近代体育文化交流的路线以海上为主,所以造成体育文化重心分布于以上海为中心的沿海城市。

现代中国和西方体育文化交流规模空前,随着中国经济实力的不断壮大,以及中国大力推进文化繁荣的政策,中国体育文化更加发达。未来在以北京为体育文化重心的基础上,体育文化发达区会逐渐向西部移动,使中国体育文化在中国布局上更加合理,在世界的影响会更加广泛和深入。

(七)科学技术环境

科学技术是根本动力。上述交通格局的转变和社会制度的变迁与科学技术进步关系密切。在可以预见的未来,科技高度发达,高铁大力发展,海上交通为主的局面可能会让位于陆权,等到中国西部陆路交通高度发达之时,西部的外贸地位、经济发展程度可能产生新的变化,西部体育文化在全国地位上升不是没有可能。等到东西部体育文化发展均衡之时,中国体育文化发展也基本成熟,将成为发达的

---

① 王会昌.长江流域人才地理[M].武汉:湖北教育出版社,2004:212.

体育文化。

三、结论

体育文化作为一种文化现象,绝不是孤立存在的,在自然环境和人文地理环境的影响下,体育文化重心分布不断发生变化,这种进程一直在持续。放眼未来,可以预言,体育文化重心的变迁将为我们展示中国未来发展格局和体育文化发展高度。

第二章 大运河安徽段区域历史地理与体育文化变迁

第一节 大运河安徽段区域历史地理概况

大运河安徽段是我国大运河的组成部分,全长约为180千米,其中有水段约为47千米。大运河安徽段核心区是淮北市濉溪县、烈山区、相山区,宿州市埇桥区、萧县、灵璧县、泗县;拓展区是除核心区外的淮北市和宿州市全境;重点辐射区是除核心区和拓展区外的皖北地区。

大运河安徽段区域北部与黄河决口扇形地相连,南部与江淮丘陵区隔淮河相望,土地面积为39149平方千米,占安徽省全省土地面积的33.3%;耕地面积为3206.5万亩(1亩≈666.67平方米),占安徽省耕地面积的47.8%。该区域拥有得天独厚的气候条件,整个区域都位于暖温带南缘,属暖带半湿润季风气候,四季分明,气候温和,雨量适中。由于这一区域有以暖温带向北亚热带渐变的过渡带气候特征,兼有南北气候之长,水资源优于北方,光照资源优于南方。同时该区域也兼有南北气候的缺点,有的年份少雨干旱,有的年份多雨成涝,旱涝灾害频繁,表现出气候的变异性。历史时期这一区域深受淮河及其支流蜿蜒切割变迁和黄河泛淮的影响,境内冲积物不断交互堆积,形成平原之中岗、坡、洼地相间分布,小区地形起伏跌宕,具有"大平小不平"的地貌特征。这一区域人口有3000多万,少数民族人数较多且集中,主要有满族、蒙古族、回族、彝族、壮族、羌族等民族。

大运河安徽段"扼汴河咽喉,当南北要冲",在隋唐大运河中位居中枢地位,历史悠久、人文荟萃、底蕴丰厚,是楚汉、中原、淮扬等不同地域文化形态交汇处,文化特色鲜明、内涵丰富、优势突出,运河遗产遗迹价值重大,运河沿线文化遗产丰富,全国重点文物保护单位、国家级非物质文化遗产星罗棋布,汉文化、古乐文化、奇石文化、红色文化等异彩纷呈,是中原文化高地的重要组成部分。大运河安徽段区域现有各类文化遗存1989处,其中全国重点文物保护单位8处、省级文物保护单位28处;各类非物质文化遗产116项,其中国家级非物质文化遗产9项、省级非物质文化遗产34项。

大运河安徽段区域的独特性具体表现在以下几个方面：

一、军事战略要地

大运河安徽段主要位于淮北地区，是中国古文明发源地之一，也是自古兵家必争之地，因此淮北地区具有重要的战略地位，从战争发生的频次上可以看出这里的争夺是多么激烈。先秦时期，齐鲁势力西进，楚国势力北扩，都必然在淮北地区展开激战。魏晋南北朝时期南北分裂，小国很多，攻伐战争不断，战事多达1677次，为历代之首，淮北地区战事显著增多，这也是中国政治经济文化重心南移的一个表现。[①]

宋金战争主要发生在淮北地区，元朝时期，淮北地区亦发生惨烈的战争。冷兵器时代，战乱和军事体育直接相联系，重要的战略地位带来众多的战争，战争促进淮北军事体育的发展。

二、黄河泛淮

公元1128年，南宋官员杜充为了阻止金兵南下，人为地掘开黄河大堤，致使黄河改道，黄河结束北流和东流并存时期，开始夺泗入淮。黄河改道给淮北地区带来深重的灾难，是淮北地区政治、经济、文化发展的重要转折点。淮北地区在黄河改道前曾经是中国最发达的经济、文化区域中心，改道后，淮河自然灾害加剧，给地区经济文化发展等带来不利影响。[②]黄河泛淮也深刻地改变了淮北地区军事体育发展的轨迹，使得淮北地区尚武之风一直延续到近现代。清代，黄河又有两次改道，一是咸丰元年，即1851年，黄河在蟠龙集决口，淮北地区受灾人口众多，尤以沛县为烈；一是咸丰五年，即1855年，黄河在兰考铜瓦厢决口，亦对淮北地区造成影响。这两次改道的根本原因在于宋代的黄河决口导致的夺泗入淮。

所以，黄河泛淮是淮北地区军事体育发展史上的一个重要节点，它使得从魏晋时期开始的南北文武分化的趋势加强，淮北地区军事体育呈单向性发展，而文化事业日益衰落。

---

① 鲁峰.淮河流域战争多发的动因与战略地位[J].人文地理,2000(4):53.

② 吴海涛.历史时期黄河泛淮对淮北地区社会经济发展的影响[J].中国历史地理论丛,2002(3):85.

三、自然灾害及土壤变化

淮北地区自古以来自然灾害的频次较多,主要原因是梅雨气团北上,遇到北方冷气团的阻碍形成暴雨集中,如没有阻碍则继续北上,造成持续性干旱。实际上淮河流域水灾、旱灾、蝗虫灾害交替发生,非旱即淹。从公元246年到1948年,淮河流域共发生大旱灾915次、大水灾979次。[①]水旱灾害的间隙为蝗虫滋生提供条件,又成为蝗灾的重要诱因。总体看来,自然灾害呈现加重趋势,直到新中国成立后大力治理淮河,才有所减轻。

自然灾害的频发使淮北地区有着较为浓厚的武术文化。武术不仅是人对抗自然灾害的手段,还是解决人类利益纷争的手段。

淮北地区土壤条件随历史时期气候变化、人类种植模式等因素而变化,尤其是黄河善徙、善决、善变的特性,给淮北地区土壤带来不利的影响,土壤的pH改变,土壤微量元素含量改变,进而深刻影响到人类的体质,影响到淮北地区社会经济文化。土壤微量元素的含量与植物生长、人类健康水平关系极大,特别是微量元素锌、锰的含量对人类影响更大,土壤锌元素含量的多少影响婴儿出生的畸形率,关系到人类的智力和健康水平。一般来讲,水热条件好,土壤pH低的地区土壤锌含量高,农业生产条件好,人类智力等素质高。淮北地区在宋代以前是重要的农业产地和经济文化中心之一,淮河水质良好,水利工程开发早,农业生产发达,经济文化水平高,但是随气候波动,更重要的是黄河泛淮的影响,使得淮北地区土壤pH升高,从而使得土壤锌含量降低,进而产生不利于淮北地区经济社会文化发展的因素。[②]这一结论和淮北地区历史变化一致,淮北地区在汉唐时期文人名士数量与其他地区相当,但在宋代以后,淮北地区习武之风盛行,军事体育发达,文人名士的数量不断下降。淮北军事体育的发展和其他社会经济文化的发展呈现很大的不协调性,人地关系在这里得到很好的体现,人类活动影响生态环境,环境则把对人的影响带到军事体育发展中来。

四、社会制度变迁

淮北地区地处苏皖鲁豫四省交界地带,行政力量薄弱。光绪末年张謇极力主张苏皖分省,以徐州为省会。1904年张謇在《徐州应建行省议》中建议宿州、涡阳、蒙城、亳州、天长等地可以单独建省,理由是淮北地区多匪乱,如单独建省,可以使

[①] 鲁峰.淮河流域战争多发的动因与战略地位[J].人文地理,2000(4):53.
[②] 高凯.地理环境与古代社会变迁三论[M].天津:天津古籍出版社,2006:157-159.

这些民风相近的地方更便于朝廷治理,但遗憾的是议案未得到采纳。

　　武举制度的实施,使得缺乏文采的淮北人有了踏入仕途的一个途径,这无疑培养了淮北地区从武的风尚,使得以武取第的人数进一步增多。黄河泛淮是一重大事件,它使得黄河夺泗入淮,泥沙堆积,堵塞河道,淮北地区生产条件恶化,水利设施损毁,自然灾害加剧等,淮北地区生态环境恶化,社会经济文化发展相对滞后。经济的贫困潦倒使得士人"户鲜盖藏",难以安心读书,从而使得淮北地区以文取第的人少之又少,而以武取第不需花费过多的脑力,不失为踏入仕途的捷径。

　　经济的落后,局势的动荡,频繁的战争,使得人们难以自保,为了对付天灾人祸,淮北地区开始兴建圩寨。淮北地区在捻军起义时期,大规模修筑圩寨,为习练武术提供了组织条件和社会条件,因为平原地带无险可守,就把分散的村庄集中起来,挖壕沟,建城墙,组织兵丁习武自卫,淮北地区汉代尚武之风得以继续强化和延续。

　　以上所述反映了淮北地区体育社会资源的特点,尚武之风绵延盛行,军事体育发达,但不可否认的是在黄河泛淮之前,淮北地区经济社会地位是比较高的,且体育文化发达,体育项目丰富多样,具有休闲性。直到宋代黄河夺泗入淮之后,武术之风开始盛行。此外淮北地区还流行蹴鞠、放风筝、登高等民俗体育,只不过流行程度不及军事体育而已。

第二节　大运河安徽段区域体育文化变迁

　　大运河安徽段区域是我国古代体育文化起源较早的地区之一,在我国古代体育起源和发展进程中占据重要地位。本节主要从先秦两汉时期的养生体育、两汉时期的体育活动、唐宋时期的体育文物、明清时期的尚武之风等几个方面进行阐述。

一、先秦两汉时期大运河安徽段区域发达的养生体育

(一)先秦时期

　　我国古代体育文化的主要特征是融于生活之中,弱竞技性,重视养生。大运河安徽段区域养生文化特别发达,有学者依据《内经素问·异法方宜论》中的"故导引按蹻者,已从中央出也",从文化地理学的视角分析,认为导引按蹻源自淮河流域,

换言之,"中央"是指淮河流域。淮河流域是道家名人分布密集的区域,如老子、庄子、华佗、稷下道家学派等皆分布在淮河流域。从地理环境来讲,"中央者,其地平以湿,天地所以生万物也众,其民食杂而不劳,故其病多痿厥寒热,其治宜导引按蹻"。淮河流域当时气候温暖潮湿,河沼密布,符合"中央"的地理条件,所以,导引按蹻源自淮河流域。①

庄子是淮河流域著名的养生家,其养生思想和养生实践具有典型意义。《庄子》一书是战国时的庄周及其弟子所著。一般认为《内篇》是庄周的手著,《外篇》及《杂篇》是其弟子和后人所著。《庄子》一书是谈人生哲学的著作,其《养生主》一篇谈的是人生处世的哲学,但其大义也可领会于养生。清代学者王先谦在《庄子集解序》中说:"余治此有年,领其要得二语焉,曰:喜怒哀乐,不入于胸次。窃尝持此以为卫生之经而果有益也。噫!是则吾师也。"而《养生主》是讲顺其自然的法则,对养生也具有指导意义。

《养生主》是《庄子·内篇》中的第三篇。郭象在《养生主》的篇下注解说:"夫生以养存,则养生者理之极也。若乃养过其极,以养伤生,非养生之主也。"人的生命需要养护,这是养生的道理,但是过分的注意养生就会伤害生命,违反了养生之道。这句话标明了庄周的原意,人生要顺其自然,不要强求,强求反而会伤害生命。处世是这样,养生也是这样。这阐明了养生要顺其自然的基本思想。

"庖丁为文惠君解牛,手之所触,肩之所倚,足之所履,膝之所踦,砉然向然,奏刀騞然,莫不中音,合于《桑林》之舞,乃中《经首》之会。文惠君曰:嘻,善哉!技盖至此乎?庖丁释刀对曰:臣之所好者,道也,进乎技矣。始臣之解牛之时,所见无非牛者。三年之后,未尝见全牛也。方今之时,臣以神遇而不以目视,官知止而神欲行。依乎天理,批大郤,导大窾,因其固然,技经肯綮之未尝,而况大軱乎!良庖岁更刀,割也;族庖月更刀,折也。今臣之刀十九年矣,所解数千牛矣,而刀刃若新发于硎。彼节者有间,而刀刃者无厚;以无厚入有间,恢恢乎其于游刃必有余地矣,是以十九年而刀刃若新发于硎。虽然,每至于族,吾见其难为,怵然为戒,视为止,行为迟,动刀甚微,謋然已解,如土委地。提刀而立,为之四顾,为之踌躇满志,善刀而藏之。文惠君曰:善哉!吾闻庖丁之言,得养生焉。"②

同样是用一把刀杀牛,有的人用一个月便缺了口,有的人可以用一年,而有的人却能用十九年还像新的一样,这主要是用刀的方法不同。牛身上的关节都是有空隙的,顺着这个空隙用刀,便能运用自如而不伤刀,如果不去寻找这个空隙而是硬砍,便一定会伤刀。人的养生也是这样,有一个自然规律,如果能顺应这个自然

---

① 袁婷,王振国.文化区系视野下的"导引按蹻"起源新探[J].中华中医药杂志,2016,31(5):1563-1567.

② 庄子.庄子[M].西安:三秦出版社,2018:37.

规律寿命便长,如果违反自然规律,生命便会受到损害而早夭。

"吾生也有涯,而知也无涯,以有涯随无涯,殆矣。已而为知者,殆而已矣。"这句话原本是有消极逃避的意思,要人不去追求无穷无尽的知识,这是最伤害精神的。但后人的解释却是偏重于养生。郭象的注解是:"人的所生禀赋有极,而尚名好胜者,虽复绝膂犹未足以慊其愿。"就是让人不去干力所不能的事。人的情欲是无限的,精力是有限的,以有限的精力去追求无限的情欲,必然要伤身害命。

在《庄子·外篇》中也有一些养生的理论:"至道之精,窈窈冥冥;至道之极,昏昏默默;无视无听,抱神以静,形将自正。必静必清,无劳汝形,无摇汝精,乃可以长生。目无所见,耳无所闻,心无所知,汝神将守形,形乃长生……故曰:形劳而不休则弊,精用而不已则劳,劳则竭。水之性,不杂则清,莫动则平,郁闭而不流,亦不能清,天德之象也。故曰:纯粹而不杂,静一而不变,淡而无为,动而以天行,此养神之道也。"以静养神,恬淡无为,就可以获得长生,这是道家修身的思想,后来成为道教修炼长生术的一部分。

(二)两汉时期

大运河安徽段区域汉代养生文化特别发达,在先秦时期的养生基础上发展,出现一批有影响的养生家。

1. 桓谭体育思想

桓谭,字君山,沛国相(今安徽濉溪)人,是与刘歆、杨雄同时代的进步思想家,他对体育文化有很深的造诣,也可以称之为体育思想家。桓谭对事物的认识比较客观,在正确认识人的精神与肉体关系的同时,在实质上解决了物质与精神的关系,阐明了"养性"的价值与意义。在对待文事与武备上,桓谭是主张文武并重的。

桓谭养生思想可以用"养生为大,胜过金玉石"来概括,他的《新论》一书中记载齐桓公请教一位83岁长寿者养生之道,长寿者回答:"使主君甚寿,金玉是贱,以人为宝"[①]。这体现了以人为本,养护生命胜过金玉的思想。桓谭重视养生之术的思想还体现在他伴随汉成帝参观汉武帝时期建造的集灵宫,集灵宫是纪念养生家王乔和赤松的,桓谭为表达对两位养生家的仰慕之情,特别作了《仙赋》一文,文中说到他们:"呼则出故,翕则纳新。夭矫经引,积气关元,精神周洽,鬲塞流通……周览八极,还嵫华坛。氾氾乎,滥滥乎,随天转旋。容容无为,寿及乾坤。"[②]

桓谭认为养生是有效的,但养生的效果是有限度的。他说:"其肌骨血气充强,则形神枝而久生,恶则绝伤……人之养性,或能使堕齿复生,白发更黑,肌颜光泽,如彼促脂转烛者,到寿极亦独死耳……生之有长,长之有老,老人之死,若四时之代

---

① 董治安. 两汉全书:第12册[M]. 济南:山东大学出版社,2009:6633.
② 董治安. 两汉全书:第12册[M]. 济南:山东大学出版社,2009:6656.

谢矣。"

桓谭认为思虑会过度伤神,他羡慕杨雄的文学才能,就学习他作赋,"用精思太剧,而立感动发病,弥日瘳"[①]。不仅如此,他还听杨雄说:"成帝时,赵昭仪方大幸,每上甘泉,诏令作赋,为之,卒暴思精苦,赋成,遂困倦小卧,梦其五脏出在地,以手收而视之。及觉,病喘悸,大少气,病一岁。由此言之,尽思虑,伤精神也。"[②]

桓谭认为人的体质有先天优劣之分,寿命有长短之分,人的寿命受多种因素影响,远古人生活环境和平稳定,所以寿命很长,"皆坚强志守,咸百年左右及死"。后世遭衰薄恶气,娶嫁又不时,勤劳过度,筋骨血气不充强,因而"多凶短折,中年夭卒"。

桓谭认为生老病死是自然规律,不可抗拒,那种认为人可以长生不老的思想是荒谬的。他说:"明者知其难求,故不以自劳;愚者欺或,而冀获尽脂易烛之力,故汲汲不息。"[③]智者能顺应人类生老病死规律,养生保健,但愚者却自欺欺人,想方设法去做不可能做到的事情,妄图长命百岁。

人禀形体而生,死生是自然观律。当桓谭与刘歆谈论养性时,刘歆的侄子刘伯生说:"天生杀人药,必有生人药也。"桓谭回答说:"钩藤不与人相宜,食则死,非为杀人生也。譬若巴豆毒鱼,礜石贼鼠,桂害獭,杏核杀猪,天非故为作也。"桓谭的话,对当时统治人们思想的"天人感应"神学目的论是一个批判和打击。他的这一思想对后代影响很大。

桓谭在肯定人自生而非天生同时,进一步提出了"人禀形体而生"这一唯物主义见解。他认为:"精神居形体,犹火之燃烛矣……烛无,火亦不能独行于虚空。"他以烛和火来比喻人的形体和精神,认为形体(物质)是第一位的,而精神则是形体(物质)的产物,是第二位的,从而正确地解决了我国古代哲学和养生学上关于形神关系的认识问题。

桓谭坚持生老病死是生物运动不可抗拒的规律,对神仙方上长生不死之说,一律斥之为虚言。他说:"余见其庭下有大榆树,久老剥折指谓曰:'彼树无情,然犹朽蠹,人虽欲爱养,何能使不衰?'……益性可使白发更黑,至寿极亦死耳。"

桓谭重视禀受和养性对人体的影响。他认为人是自然自生的,人的自然禀受是不同的,这种禀受不同,会影响到人生命活动的长短。他说:"虽同形名,而质性才干乃各异度,有强弱坚脆之姿焉……其肌骨血气充强,则形神支而久生,恶则绝伤,犹火之随烛脂多少长短为迟速矣。"这两句话是说同是人,外形也差不多,但体质强弱是不同的。体质好肌骨血气充强的就能长寿,体质孱弱,就会夭死。就像蜡烛的油脂多少长短不等,决定蜡烛点燃时间不一样。

桓谭重视外界环境和养性对人寿命的影响。他说:"夫古昔和平之世,人民蓁

[①][②][③] 董治安. 两汉全书:第12册[M]. 济南:山东大学出版社,2009:6633.

美盛而生皆坚强老寿……后世遭衰薄恶气,嫁娶又不时,劳苦过度……而筋骨血气不充强,故多凶短折而中年夭卒。"他对养性有益于人的生命的观点,是持肯定态度的。他说:"余尝夜卧坐饮,内中燃麻烛,烛半压欲灭,即自曰勑视,见其皮有剥蚀,及扶持转侧,火遂度而复。则维人身或有亏剥,剧能养慎善持,亦可以得度……爱养适用之,真差愈耳,譬犹衣履器物,爱之则完全乃久。"

桓谭重视长寿,肯定养性,主张养生应以导引养神为主。他认为"尽思虑伤精神"是最伤人的,主张把爱养精神作为养性的最重要环节。他在《新论》中说:"颜渊所以命短,慕孔子伤其身年也。如庸马与良马相追致暮,共列良马宿所,鸣食如故,庸马垂头不复食,何异颜渊孔子优劣。"他还是一位亲身实践者,他说:"予少时见杨子云(杨雄)丽文,欲继之。尝做小斌,用思太剧,立致疾病。子云亦言,成帝诏作甘泉赋,卒暴、遂倦卧,梦五脏出地,以手收内之。及觉气病一年。由此言之,尽思虑伤精神也。"在介绍窦公所以高寿时,桓谭评论说:"窦公少盲,专一内视,故有此寿。"可见,桓谭在养性上主要讲养神,比较重视导引、内视,这是符合辩证法的,是可以肯定的。

桓谭重视军事武功。他对汉武帝、周勃等军事武功卓著的帝王和大将军称赞备至。他说:"汉武帝材质高妙,有崇先广统之规。故即位而开发大志,考合古今,模范先圣故事,建正朔,定制度,招选俊杰,备扬威怒,武义四加,所征者服,兴起六艺,广进儒术;自开辟以来惟汉家为最盛焉,故显为世宗,可谓卓尔绝世之主矣。"又说:"周亚夫严猛哮吼,可谓国之大将。"从他对汉武帝和周勃的评论,可见其对军事武功的重视。

桓谭不仅重视军事武勇,他本人还是个文武全才的人。《新论》中说:"世有围棋,或言兵法之类。上者张置疏远,多得道而胜;中者务相遮绝,争便求利;下者守边隅,趋方卦,犹薛公之言鲸布反也;上计取吴楚,广地中计塞成皋,遮要争利;下计取长江,以临越,守边隅,趋方卦者也。"这段论述不仅说明桓谭熟悉围棋,而且说明他在军事上是有见识的。有记载说:"杨子云工于斌,王君大习器,予欲从二子学。子云曰:能读千赋则善赋;君大曰:能观千剑则晓剑;谚曰:伏习象神,巧者不过习者之门。"这说明桓谭尊重王君大,和尊重杨雄是一样的,他在和杨雄学作赋的同时,和王君大学兵器,而且从中得出,无论习文、习武都要在实践中反复练习,才能做到熟能生巧。以上事例都说明桓谭不仅能文,而且能武。

作为我国汉代杰出的进步思想家,桓谭的体育思想和实践,在我国汉代体育史上是很值得被重视的。汉代是我国体育格局初步形成的时期,也可以看作继春秋战国第一次体育发展高潮之后的又一次体育大发展时期,主要体现在体育项目类型多样,崇尚武术,喜好娱乐,养生体育发达等特点。这不仅为桓谭体育思想及实践提供了时代条件,而且为桓谭哲学思想的形成起到重要的作用。例如,他关于身体和精神关系的论述充满了哲学深意。其理论来源是传统文化思想和易学思想。他重视养生,认为人的寿命有长短,受多种因素的影响,这和道家的认识是一致的。

2. 华佗养生思想

华佗,字元化,是三国时期的名医。《后汉书·华佗传》上说他,"游学徐土,兼通数经,晓养性之术,时人以为年且百岁而貌有壮容"。养性之术就是养生的方法,华佗精通各科医术,并且懂得养生的方法,不仅得到高寿,而且身体很强健,后来并非是老死,而是被曹操杀死的。他的养生方法究竟有哪些呢?

首先,华佗重视身体锻炼。他告诉他的学生吴普说:"人体欲当劳动,但不当使极耳。动摇则谷气得消,血脉流通,病不得生。譬如户枢终不蠹也。是以古之仙者为导引之事,熊颈鸱顾,引挽腰体,动诸关节,以求难老。"人体需要活动,活动可以使血脉流通,促进消化和新陈代谢的功能,保持身体健康。华佗从户枢不蠹的道理中,认识到人体需要活动,也从方士的修炼中认识到经常活动关节是防止衰老的重要措施,他根据汉代流行的导引术,结合本身医学知识和锻炼体会,创编了一套名叫"五禽戏"的体操。"吾有一术名五禽之戏,一曰虎、二曰鹿、三曰熊、四曰猿、五曰鸟,亦以除疾,兼利蹄足,以当导引。体有不快起做一禽之戏,怡然汗出,因以著粉,身体轻便而欲食。"华佗的五禽戏既可作为锻炼身体的保健体操,又可作为治病的医疗体操,根据病情锻炼一种姿势,出汗之后再沐浴著粉,效果更为显著。华佗的学生吴普根据华佗的教导,经常练习"五禽戏",效果很好,"年九十余,耳目聪明,齿牙完坚"。

关于华佗"五禽戏"动作,南齐的陶弘景在《养性延命录》上作了辑录。《华佗五禽戏诀》载:"虎戏者,四肢距地,前三掷、却二掷。长引腰,乍却,仰天即返。距行,前、却各七过也。鹿戏者,四肢距地,引项反顾,左三右二。左右伸脚,伸缩亦三亦二也。熊戏者,正仰,以两手抱膝下,举头,左擗地七,右亦七。蹲地,以手左右托地。猿戏者,攀物自悬,伸缩身体,上下各七。以脚拘物自悬,左右七。手钩却立,按头各七。鸟戏者,双立手,翘一足,伸两臂,扬眉鼓力,各二七。坐伸脚,手挽足距各七,伸缩二臂各七也。"

其次,华佗还认为锻炼不能过量,应当适度,"人体欲得劳动,但不当使极耳"。这个"极"字就是不能过量,应当适中,在《黄帝内经》中就曾提到要"劳逸适度"。孔子也说过:"劳逸过度者,疾共杀之。"汉代流行的导引曾有锻炼过度现象。华佗强调了适量,不当使极。

最后,华佗还服药滋补。《三国志·华佗传》记载华佗的学生樊阿:"从佗求方,可服食益于人者,佗授以漆叶青黏散。漆叶屑一斗,青黏十四两,以是为率。云久服去三虫,利五脏,轻体,使人头不白。阿从其言,寿百余岁。"《华佗别传》上说:

"青黏者,一名地节,一名黄芝,主理五脏,益精气。"

二、两汉时期大运河安徽段区域的体育活动

两汉时期是汉文化形成的重要时期,大一统观念逐渐形成,儒家学说逐渐居主导地位,这时期中国古代体育文化格局已初步形成。淮北地区是当时重要的区域性文化中心,体育文化丰富多样,在两汉时期体育文化中占有重要地位。

(一)射箭

射箭是最早的体育活动之一,我国发现的古代最早的弓箭是28000年前由山西峙峪人发明的。最初弓箭是作为狩猎工具使用的,后来发展到军事、娱乐、竞技等用途。春秋战国时期,射箭活动普遍开展,楚国养由基"百步穿杨"和"射穿七札"的故事被誉为佳话。汉代射箭技术成熟,对后来的射箭活动影响很大。清朝初期,满族人入主中原,射箭活动广泛开展。康熙六年(公元1722年),曾经将"木兰秋狝"定为恒制,承德被作为射箭活动的主要场所,清朝中后期,由于西方火器的传入,射箭逐渐退出军事领域,成为体育竞技项目。古代射箭有步射和骑射两种,而步射又分为立射、跪射和弋射三种形式。

从形式上讲,两汉时期淮北射箭形式齐全;从功能上讲,两汉时期射箭活动主要是做娱乐之用;从技术上讲,当时的射箭技术已达到很高的水平。淮北电厂出土的"骑射围猎鹿"图(图2.1),画面上一人骑在马上飞奔,奋力追赶一头小鹿,狩猎者射箭姿势端正,气态轩扬。萧县"骑射"图(图2.2),左边一骑士直射两箭,其中一支箭摄入右边逃走之人的背部,射中之人表情痛苦,刻画传神。淮北市费寨村出土的"龙马、亡灵、扶桑及习射"图,画面上部是习射场面,习射场面有一棵柏树,表明习射是在野外场地上进行的。习射共有三人,中间一人作奔跑状,摇动着高杆子上的旗,左右两人皆拈弓搭箭仰射杆子上的织物。

图2.1 淮北电厂出土的"骑射围猎鹿"图

图2.2 萧县"骑射"图

早在春秋时代,民间就流行一种称为乡射礼的射箭比赛,它的比赛仪则完整地记录在《仪礼·乡射礼》中。这是一种非常正规的竞技运动,有长度固定的射道和严格的比赛规则。但是评价一名射手,不仅要看他能否命中靶心,而且要看他形体是否合于音乐节奏,此外,还要求处处礼让竞争对手,正确对待失败等。总之,要求射手的身心与体魄和谐、健康地发展。这与早期奥林匹克运动片面强调体魄强健的理念判然有别,显示着东方文明的特色。淮北市梧桐村出土的"乡射礼"图(图2.3),画面上,主人头戴筒形帽,手拿酒器觯,他是乡射礼的组织者和策划者,画面的左边,是乡射礼的"释获"者,他一手持荣戟及算筹,荣戟上悬泡状物作射箭之矢。他的任务是报射箭的中与否,并用算筹计算胜负。画面的右边是宾客,宾客旁还有一人,他便是乡射礼的司马或司射,即射箭比赛的裁判。此外,在画面中还有一人,他方面孔,身着长袍,怀抱一捆物品,可能是箭矢或靶之类的东西,说明当时组织赛事全面细致,影响很大。

图2.3 淮北梧桐村"乡射礼"图

近年,古老的射艺首次进入淮北师范大学课程体系,淮北古代射艺资源丰富,适时推进射艺的发展,不仅对淮北体育文化建设具有现实意义,还有助于淮北体育产业发展,提升淮北城市品位,对于建设厚重淮北也不无裨益。

(二) 马术

马车既是古代重要的交通工具,也反映马术的高低。汉朝的主要交通工具是马车,汉武帝以前,独辀车与双辕车并存,汉武帝之后,双辕车开始逐渐普及。汉代的双辕马车因乘坐者地位高低和用途不同,细分若干种类:斧车、轺车、施轓车、轩车、軿车、辎车、栈车等。淮北出土的多属轺车,轺车是一种轻便快速的小马车。《释名·释车》说:"轺,遥也,遥远也,四向远望之车。"汉初轺车为立乘,后来改为坐乘,一车可乘坐二人,御者居右,官吏居左,因车四面空敞,坐在车内可以极目远眺。因结构简单,快马轻车,为一般小吏出外办理公事或邮驿传递公文时乘坐。淮北电厂、柳孜镇、梧桐村、西弋村、白㳇山、时村塘峡子、水冲孜村、萧县丞阳、宿县曹村等都现存有车马出行汉画,柳孜镇出土的"车马出行"图,画面左方,第一个画像为一人执物相迎,此人应为乡间小吏。第二个和第三个画像为轺车,一马驾架,马作狂奔之态,轺车高撑伞盖,车上两人,前为驭夫,后为主人。第四个画像为骑从,骑从所骑之马在飞奔。此图上人物均作紧急之态,可能是执行公务,前车为导从车,后轺车为主车。这应是二千石官吏出行仪仗。白㳇山出土的"车马出行"图(图2.4),画面上一马驾架,一辆轺车,马嘶鸣,作飞驰之状,车上两人,前为驭夫,后为主人。从淮北出土的车马出行图来看,人和马多呈现急进之风,反映了人们昂扬向上的精神风貌,同时说明马术已达到很高的水平。

图2.4 淮北市柳孜镇"车马出行"图

(三) 狩猎

狩猎活动出现的时间久远,最初是满足人们的食物需要,后来逐渐发展成为军事训练、娱乐手段。淮北地区曾经森林茂密,水草丰美,野生动物很多。萧县丞阳出土的"狩猎"图(图2.5),画面描写的是狩猎场面,画像的右侧,猎人放出两只猎犬,猎犬冲向前方,尽力飞扑,追赶前方的兽,兽疲于奔命,远方有一人在围堵小兽。淮北市白㳇山出土的狩猎图上,一人放鹰犬在追赶小鹿。可见,狩猎是古代淮北一项重要的体育娱乐活动,技术高超。

图2.5 萧县丞阳出土的"狩猎"图

(四) 武术

两汉时期武术已得到初步发展。汉朝崇尚勇武,以强悍矫健为荣,以冒险探奇为乐,霍去病率八百精锐千里奔袭匈奴的壮举,班超带三百勇士纵横数十国的奇迹,充分证明汉朝的强大。以武取官的制度使练武之风盛行。淮北市梧桐村出土的"习武者"图(图2.6),画像中两个武士一手持剑,一手拿盾牌,作进攻与防御的武术表演。宿县曹村东岗出土的"鸿门宴与公莫舞"图,反映了刘邦的故事,侧面说明剑术很流行。淮北市柳孜镇废码头出土的"口含利剑的武士"图,淮北市蒋町村出土的"执钺的武士"图,淮北市西弋村出土的"拿锤的武士"图,说明汉代淮北习武之风盛行。

图2.6 淮北市梧桐村出土的"习武者"图

蹶张就是用脚踩拉强弩,只有力大者才能胜任,曾是国家选官的一条重要途径。《汉官仪》记载:"高祖命天下郡国选能引关蹶张、材力武猛者,以为轻车、骑士、材官、楼船,常以立秋后,讲肄课试,各有员数。"淮北矿务局矿工医院出土的"材官蹶张武士"图,画面上的武士颇有汉代名将申屠嘉遗风。淮北市柳孜镇废码头出土的"手拿弓与矢的蹶张武士"图,画面上一武士左手拿弓,右手拿矢,英气逼人。

(五) 杂技

我国杂技表演艺术历史悠久,汉代不仅保留了传统节目,而且将边远民族的舞乐杂技融入汉代的舞乐杂技中。张骞出使西域之后,西域的杂技,如"安息五案""舞轮"等进入中原。张衡《西京赋》云:"冲狭燕濯,胸突舌锋,跳丸剑之挥霍,走索上而相逢"。马戏是杂技的一种形式,也是一项重要的体育项目。淮北市白渎山出土的"马上杂技"图(图2.7),画面上一马停立,马上一人作后仰状,似想在马背上双臂倒立。宿县埇桥区至今仍活跃着数支马戏团,是全国闻名的马戏之乡,这是有着深厚的历史文化渊源的。

图2.7 淮北市白渎山出土的"马上杂技"图

(六) 博戏

六博出现于春秋战国,到汉朝时已发展成为一项流行全国的体育娱乐活动。《史记·苏秦列传》六博注记"博,著也,行六棋,故曰六博",不过这时起六博已经带有赌博性质。两汉时期的淮北地区从平民到贵族普遍喜爱博戏。淮北市西城村出土的"欲饮宴"图,画面中楼下三仆人正准备把行酒乐的竹签或玩博的拓签、菜肴送上楼去。楼上两位主人道貌岸然,左边主人身旁设有一投壶。宿县曹村出土的"六博、舞蹈"图(图2.8),画面左边是博戏的场面,对博的两人右边还有两人,其一人为博者打扇,另一人侍立观博。此两画面反映当时已有阶级划分,剥削者过着纸醉金迷的生活,声色犬马,而广大劳动人民食不果腹。

图2.8　宿县曹村出土的"六博、舞蹈"图

(七) 舞蹈

舞蹈可能由远古宗教仪式演化而来,在我国体育发展史上具有重要地位。汉代上至皇亲贵戚,下及黎民百姓普遍能歌善舞,是我国古代舞蹈艺术发展的第一个高峰期。汉代舞蹈是在继承楚国舞蹈、吸收前代舞蹈的基础上又通过与西域舞蹈的交流而发展起来的。楚国舞蹈对汉代舞蹈影响很大,楚国舞蹈风格有两个特点,一是舞人长袖、细腰,二是主要舞蹈种类为建鼓舞,这在淮北汉画上都有反映。淮北市梧桐村出土的"鼓乐舞"图,画面上一男一女手执鼓桴,边鼓边舞。淮北市白渎山出土的"鼓、鼓人"图,画面上老者均着袍束腰,按节击鼓。淮北市白渎山桃山头出土的"舞乐、童子、琴"图,画面上一女童作翩翩起舞状。淮北市青谷村出土的"宴乐、歌舞、门吏"图,画面上一女子长裙细腰作舞蹈状。这些图画足见当时淮北地区经济、文化繁荣,体育舞蹈项目普及且水平较高。

(八) 投壶

投壶是贵族世大夫宴飨时进行的一种活动,春秋时期已有,《左传·昭公二十五年》云:"晋侯以齐侯宴,中行穆子相,投壶,晋侯先。"这种游戏深受文人欢迎,流传颇久。宋代司马光著的《投壶新格》特别强调:"投壶可以治心,可以修身,可以为国,可以观人。"淮北市西城村出土的"欲饮宴"图(图2.9),画面上主人身旁设有一投壶,说明当时投壶已经比较流行,是一项重要的体育娱乐活动。

图2.9 淮北市西城村出土的"欲饮宴"图

（九）传说中的体育活动

在传说题材的汉画中也有许多表现体育文化的内容。淮北市梧桐村出土的"羿射十二日"图，画面上有一棵巨大的扶桑树，树生十三根枝条，扶桑树的右下方是射日的羿，他身着长袍，束腰，一条腿向前伸打弯。萧县陈家沟出土的"仙人、驭龙、戏龙"图，画像上是一只体态雄健的龙，龙背上有一仙人骑乘，龙左边有一仙人在抓龙的须子，与龙作嬉戏状，表现了古代人民敢于降虎的大无畏精神。宿县曹村出土的"仙人驭龙、戏龙""麒麟架仙人车""水族架仙人车"等图想象丰富、画面优美，展现了古人丰富的体育文化生活。

三、唐宋时期的大运河安徽段区域体育文物

大运河安徽段"扼汴河咽喉，当南北要冲"，在隋唐大运河体系中地位十分重要，是一条历史文化积淀丰厚的遗产长廊，是中原文化高地的重要组成板块，也是隋唐大运河文化遗产中最为重要和最有特色的河段之一。大运河安徽段运河体育文物艺术品位高，数量多而集中，文化内涵丰富，价值独特，是珍贵的运河文化遗产。2019年2月，中共中央办公厅、国务院办公厅印发的《大运河文化保护传承利用规划纲要》，强调要推动运河文化与相关产业融合发展，鼓励运河沿线发展体育休闲产业，积极开展徒步、健走、马拉松、骑行、自驾车、龙舟等运动，形成新的消费热点，加快体育休闲、健康、旅游深度融合。这些体育文物资源对当前发展体育休闲产业，加速城市转型，构建运河文化带具有深远的现实理论和实践意义。目前，已有学者对大运河安徽段线性文化遗产的特点和保护方式进行了初步探讨，针对大运河安徽段运河遗产与文化旅游的融合发展，提出很好的建议，但作为世界文化

遗产的大运河安徽段体育文物的研究阙如。

(一) 大运河安徽段体育文物

大运河安徽段体育文物主要集中在宿州、淮北两地市域。2006年,宿州西关商业步行街隋唐运河遗址出土文物1440余件,其中就包括绞胎球、围棋、弹丸等运动休闲用品。2011年,淮北市征集"大运河瓷"时发现了一件晚唐磁州窑系白釉"相扑"瓷雕。2012年,淮北柳孜遗址第二次考古发掘,出土了如影青蹴鞠儿童瓷器、捶丸用球绞胎球、相扑瓷俑、木剑、棋子、长寿瓷瓶等珍贵的宋代体育文物。与京杭大运河相比,大运河安徽段体育文物数量多,而且集中,其价值弥足珍贵。

1. "蹴鞠孩童"瓷雕

根据瓷器年代特征和相关专家考证,影青陶瓷蹴鞠孩童应为宋代体育文物(图2.10)。孩童怀抱瓣状花纹组成的蹴鞠,盘坐状,体态可掬,健康欣然,对蹴鞠的喜爱之状一览无余。整幅作品让人想象到宋代市井儿童三五成群嬉戏蹴鞠于运河两岸烟柳之下的情景。

图2.10 淮北市隋唐大运河博物馆宋代"蹴鞠孩童"瓷雕

以儿童蹴鞠为题材的作品是宋代审美情趣的一种风尚,类似作品多见于艺术画作、铜器、瓷器、镜子、俑等。如河北博物馆藏邢台磁州窑白釉蹴鞠瓷枕、河南博物院藏磁州窑蹴鞠瓷枕、成都体育博物馆藏彩绘抱鞠童子俑等。

宋代儿童蹴鞠融于日常生活中,儿童蹴鞠活动的场所不仅在繁华闹市、田间地头,也可能在家庭、学校,清明前后开展得更为繁盛。南宋著名诗人陆游曾言:"寒食梁州十万家,秋千蹴鞠尚豪华。"宋代以后,蹴鞠活动依然流行于以淮北为核心地区的淮海区域,如清朝顺治时期,"立春前一日,迎春教场,蹴鞠走马,士民竞往观之"①。可见蹴鞠活动经常开展。

宋代柳孜蹴鞠孩童瓷雕和国内仅有的几件蹴鞠文物相比,无论是艺术特色和历史价值都是很珍贵的。它反映了宋代蹴鞠运动开展得相当广泛,深受儿童的喜爱,在柳孜等运河重镇开展得更为普及。

2. 绞胎球

淮北隋唐大运河博物馆绞胎球(图2.11),直径为5.5厘米左右,球体圆润,黄褐色相间。另有一粒红黄色石球,直径为5.5厘米左右;3粒黑釉球,直径为3厘米左右。

图2.11 淮北隋唐大运河博物馆宋代绞胎球

宿州博物馆藏绞胎球一粒(图2.12),直径为5.5厘米左右,球体圆润精美,黄绿色相间,从球体外观上看,似有曾经被击打的痕迹。

图2.12 宿州市博物馆唐代绞胎球

绞胎陶瓷是利用白褐两种色调的泥胎相间杂糅,然后模印成型的。与其他陶瓷器在器物表面进行施釉、绘画、雕刻、粘贴等技法装饰不同,工匠在坯胎成型前把不同色泽的陶泥或瓷泥一起绞揉,使其绞胎器花纹图案充分展开,烧出的瓷器花纹

---

① 丁世良,赵放.中国地方志民俗资料汇编[M].北京:书目文献出版社,1995:988.

内外一致,图案别致,变化多端,纹路自然流畅,淡雅优美。绞胎瓷,多色糅合,象征着凝聚与团结,色彩阴阳和谐,蕴含着大道自然的道家文化旨趣,饱含华夏的传统美德。因此,绞胎球作为捶丸用球类型之一,受到当时文人雅士的喜爱。

李小唐、李重申等学者指出绞胎球是马球用球。①但笔者认为马球用球是在皮制囊中填充毛发等制成的,球体较轻,便于骑马击打,而绞胎球是瓷质,球体较重,应该是捶丸用球。捶丸被誉为"古代高尔夫",是我国古代高雅的运动休闲活动形式。进行捶丸运动时,先把球放置于球基内,然后依次向数十步,乃至数百步之外的球窝内击球。比赛形式可以是两人对打,也可以在两队之间比赛,球入窝多者获胜。

著名体育史学者崔乐泉研究认为捶丸运动是由石球类运动发展而来的。我国早在13世纪初就开始流行捶丸运动,一般认为捶丸运动是由唐宋时期的步打球转化而来的,而步打球是由马球转化而来的。作为捶丸运动的用球绞胎球是伴随球类运动演变而产生的。②目前发现捶丸主要集中流行于四川成都、山西等地。如郑州出土唐代步打球青花塔形罐、河北巨鹿出土宋代儿童球戏陶枕、山东岱庙捶丸图、山西洪洞县捶丸图、1972年辽宁朝阳县辽代墓出土童戏纹鎏金银大带、故宫博物院藏明代《宣宗行乐图》、上海博物院藏清代《仕女图》等。发现捶丸用球的区域主要有北京、安徽淮北和宿州、河南洛阳、四川成都、重庆等地。

尽管没有发现隋唐大运河城市捶丸运动的直接记载,但绞胎球在隋唐大运河城市的发现为我们留下无限的想象空间。正如文献记载:"剧场建旗,毯场上剧成了窝,立彩色旗儿。合众同乐,合聚捶丸之人,相与同乐。"③生活富足的人们共享捶丸带给他们的乐趣。

3. 唐代"相扑"瓷雕

2010年,淮北市征集"大运河瓷"时,征得晚唐"相扑"瓷雕一件(图2.13)。这件作品属于磁州窑系,白釉制作,是流经隋唐大运河淮北境域,到东渡扶桑的起点扬州,再发往日本的艺术作品。该作品通高5厘米,胎质粉白细腻,质感较强。它反映的是两名相扑手竞技的情形,两名选手一高一矮,身体壮硕,头绾发髻,身着罩衫,下身赤裸,腰束T型兜带,是典型的相扑运动着装。身高体重者躬腰抵肩,双手紧抱对手腰臀,似要把对手托举拔地,一举击败对手。稍矮者双腿直立,双臂紧紧抱住对手大腿,双肩下扑,毫不示弱。整个场景再现相扑的经典招式,角斗场面惊心动魄。

---

① 李小唐,林春,李重申.丝绸之路岁时节日民俗体育图录[M].兰州:甘肃教育出版社,2017:212.

② 崔乐泉.中国古代球类运动与捶丸起源研究:兼具考古学资料分析[J].体育科学,2016(7):95.

③ 佚名.丸经[M].北京:中华书局,1985:11.

图2.13 淮北市晚唐"相扑"瓷雕

中国相扑运动起源较早,是从角抵运动发展而来的。角抵运动相传是五千年前炎黄部落时期起源的,《述异记》就记载在黄帝部落与蚩尤部落的大战中,蚩尤部落"以角抵人,人莫能御"。1979年,湖北江陵凤凰山秦墓出土了一件木篦,木篦上绘制有两人相扑的图案。此外,河南密县打虎亭的汉墓也出土有相扑壁画,敦煌宝库拥有隋唐时期相扑壁画,等等,这些相扑文物都反映了我国相扑运动源远流长,传承有序。

唐代相扑运动开展十分普及,唐代的皇帝除了观看神策军的角抵表演,还在宫内组织"相扑朋"。皇帝每到祭祀天地时,都要先观看相扑。据载,唐文宗李昂有次要在南郊祭祀,祭祀前下级官员早早把要参加相扑的运动员挑选上来,供皇帝祭祀前观看表演,唐文宗说:"我正要清静斋戒,怎么能看相扑?"下级官员说观看相扑是惯例。[①]

两宋时期,相扑运动仍然开展得较为普及,首都开封每年都举行大规模的相扑赛事,上元节甚至还有妇人裸体相扑,此举受到司马光的强烈批判,他数次上书求禁,但效果不佳。南宋时临安举行男子相扑比赛前,往往由女相扑手先出场招徕观众。

淮北晚唐运河相扑瓷雕不仅说明完全意义上、独立成项的相扑运动在中国有至少千年的历史,也有力证明了相扑源于中国。该作品的出现向我们提供充分的历史想象空间,隋唐大运河作为唐宋帝国经济命脉,也是一条文化带,同处于这条文化带之上的开封、柳孜、宿州等城镇,经济繁荣,文化生活丰富,相扑运动在这些市镇开展得很普及,特别是在有虹桥的运河市镇、烟柳之下、市井之中,相扑运动是居民喜欢的休闲健身活动。

4. 木剑

淮北市隋唐大运河博物馆宋代木剑(图2.14),长约1米,斑驳的木剑印记着宋

[①] 阎智力,等. 论相扑运动的渊源与发展[J]. 成都体育学院学报,2008(1):42-45.

代民间武人志士刻苦练功的场景。据合理推测,这把木剑应是比武、练武用的替代物品,因为锋利的铁剑在比武、练武时容易受伤,就用木剑代替。根据史书记载,三国时候的邓展和曹丕比剑,就曾用甘蔗代替铁剑。这把木剑不仅佐证了史书记载的真实性,而且反映了当时淮北地区尚武之风盛行,淮北地区是当代"武术之乡"分布最密集的地区,也就不足为奇了。

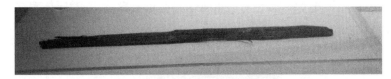

图2.14　淮北市隋唐大运河博物馆宋代木剑

5. 棋子

淮北市隋唐大运河博物馆宋代围棋和象棋如图2.15所示。据载,宋代开封、临安等地棋类活动盛行,著名的大诗人陆游很喜欢观棋、下棋,他一生写了近二百首棋类诗歌,如"对弈两夜飞黑白,雠书千卷杂朱黄"。柳孜重镇出土的瓷质象棋子、围棋子、棋盘等说明当地棋类活动盛行。

无独有偶,2017年9月,淮北市新湖路项目烈山区段施工过程中,发现四处宋金时代古窑址,发掘包括围棋子、象棋子在内的大量瓷器。黄淮地区历史时期重要的萧县窑址也发现大量的围棋子,反映了围棋是宋时当地居民窑工日常娱乐生活的组成部分。宋代黄淮地区棋类运动对后世产生深远影响,明清时期,皖南围棋盛名一时,和此不无关系,历史上,江淮地区作为南北过渡地带,移民南迁是一种历史趋势,棋类文化随移民在皖南地区流行是不足为奇的。同时说明淮海区域并不仅仅是尚武之地,其休闲娱乐之风也很流行。

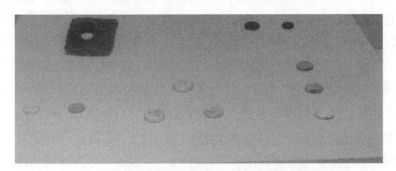

图2.15　淮北市隋唐大运河博物馆宋代围棋和象棋

6. 长寿瓷瓶

淮北市隋唐大运河博物馆宋代瓷瓶如图2.16所示。瓷瓶上印着"鸟有千年鸟,人有百岁人",说明宋代淮北地区的民众有着长生富贵的追求。历史上淮北地区体育保健活动源远流长,是最早产生养生舞蹈的地区之一,也是文学家嵇康、哲学家桓谭的故地,而嵇康、桓谭对养生保健也都有独到的见解。嵇康的《养生论》提出要形神兼养,重在养神,养生要清心寡欲,守一抱真,鼓励养生者要有信心,争取"与羡门比寿,与王乔争年"。桓谭以烛和火来比喻人的形体和精神的关系,认为形体是物质的、第一性的,精神则是第二位的。"精神居形体,犹火之燃烛矣……烛无,火亦不能独行于虚空。"[①]桓谭的思想对后世哲学具有重要影响,在我国体育文化史上也具有重要地位。

图2.16 淮北市隋唐大运河博物馆宋代瓷瓶

(二)大运河安徽段体育文物的价值

大运河安徽段发达的体育文化是这一区域经济、文化繁荣的结果,也是承继汉代体育文化的结果。淮北地区是我国古代文明最早诞生的区域之一,在汉代文化尤其发达,汉画像石分布密集,历史文化内涵丰富,汉代体育形态丰富多样,有舞蹈、射箭、御车、六博等,武术和射箭活动尤发达,在徐州和淮北出土的汉画像石中,有大量的射箭和比武形象。唐宋时期,大运河开通,这一区域地位日趋重要,成为维系帝国命脉的战略要冲,体育文化因此得以更为繁荣。大运河安徽段体育文物是体育文化发达的历史印迹,具有珍贵的价值。

1. 隋唐大运河体育文化的标志性符号

隋唐大运河体育文化是指在隋唐时期,建立在发达的经济社会文化基础之上的,以运河出土体育文物为核心标志的所有体育物质,所体现的体育精神和制度文化的总和,它反映了当时人们的体育认识、体育情感和体育价值等。大运河安徽段体育文物是隋唐大运河体育文化的重要符号标志,是世界文化遗产的重要组成部

---

① 桓谭. 桓子新论[M]. 北京:中华书局,1985:21.

分,是我们认识隋唐大运河文化的新角度,对于探讨隋唐时期隋唐运河经济文化交流具有重要意义。

大运河安徽段体育文物是研究世界性文化遗产"丝绸之路"和"大运河"的珍贵文物,透过体育文物可以认识运河古镇发达的经济和繁华的文化景观。北宋时期,淮北地区位于京畿之地,和开封同处在运河经济文化带上,其体育文化发展程度可以和开封相媲美。更为重要的是在构建丝绸之路经济带的实践中,学者们关注丝绸之路经济带促进体育文化交流,助推中国体育文化走出去,体育文化能促进丝绸之路经济带的文化内涵,有利于构建新型的国家关系。但隋唐大运河对丝绸之路经济带的重要意义却被忽略,长安作为丝绸之路的中枢,同时也是运河的物资集散地,在中国经济重心东移南迁的时代背景下,隋唐大运河对维系长安、洛阳等城市的正常运转起到至关重要的作用,丝绸之路作用的发挥离不开隋唐大运河的支撑。换言之,丝绸之路经济文化带和隋唐运河经济文化带相得益彰,都对中华文明的维系起到重要作用。

2. 开展体育旅游、实现城市转型的经济价值

大运河安徽段沿线文化资源丰富,楚汉文化、古乐文化、酒文化、淮河文化、红色文化等异彩纷呈,现有世界文化遗产2处,柳孜运河遗址等国家重点文物保护单位8处,有国家级非物质文化遗产8项,省级28项,市级79项,县级180项。运河重镇淮北市是因煤而兴的古老而又年轻的城市。随着煤炭资源的日渐减少,城市发展面临可持续发展问题,体育旅游以其关联度高、就业吸纳能力强被淮北市委市政府定为优先发展的产业。

2017年5月,国家体育总局办公厅颁布《关于推动运动休闲特色小镇建设工作的通知》。同年,安徽省体育局颁布《关于推进体育特色小镇建设的指导意见》,提出到2025年,培育20个左右产业特色鲜明、发展模式多元、体育服务便捷、建设空间集约,发展富有活力、生态健康宜居的省级体育特色小镇,在全省发挥重要的引领示范作用。运河体育遗产资源具有独特性,契合当代人们个性化、多元化需求。我们完全可以依托这些体育遗产规划建设运动休闲古镇,在古镇开展投壶、射箭、蹴鞠等古代运动休闲项目。如唐球源于捶丸运动,具有中国传统文化底蕴,是一项专、精、特、新的体育项目,传承了捶丸"谦和礼让""信守承诺"的儒家精神,具有鲜明的中国特色。唐球运动正在推广普及,走向世界,我们应抓住这一机遇,大力引入推广唐球运动,既可满足旅游者的多元化、个性化的体验需求,也有利于提升城市美誉度。同时,在古镇建设中,把精美的体育文物通过雕塑等艺术形式展现出来,不仅具有很高的文化水平,而且具有穿越时空的魅力,同时也在潜移默化之间,把运动休闲精神渗透到人们的血液之中。

3. 休闲体育的教育价值

大运河安徽段体育文物证明古代淮北地区不仅尚武之风盛行,其休闲体育也开展得十分普及。儿童对蹴鞠的热爱,象棋、围棋的流行,比武活动的广泛开展,对我们当代社会如何改变对淮北地区文化景观的认识具有重要启迪意义。大运河安徽段体育文物也是我们进行体育史田野调查和开展爱国主义教育的极佳素材,大运河安徽段体育文物及其附着的休闲体育精神,是进行体育价值观的培养,树立休闲体育的观念,把体育生活化、休闲化,把体育精神融入人们的日常观念中的珍贵教育资源。

4. 实施"健康中国"的社会价值

隋唐大运河曾在中国历史上发挥巨大作用,是极具历史文化内涵的大通道,体育文物作为运河文化遗产的组成部分,也是勾起乡愁的重要符号,发掘保护利用运河体育文化遗产的当代社会价值具有重要意义。运河体育文化具有强大的群众基础,2015年3月15日,北京市3000多名职工在通州区大运河畔健步走;2012年2月18日,郑州市的200多名徒步爱好者沿隋唐大运河郑州段健步走,声援即将到来的大运河申遗。以杭州拱墅区为例,仅在2019年就举办了60余场围绕运河文化的群众体育赛事,有力推动全民健身活动的开展。隋唐运河体育遗产沟通古今,是"活态遗产",以运河为空间载体,构建勾连历史、汇通当代和未来的全民健身走廊对于提升全民素质、推动"健康中国"实施具有重要意义。

大运河安徽段大部分淹没于地下,目前,对其进行的考古工作已经取得令世人瞩目的成果,丰富的物质文化遗产见证了曾经的辉煌。精美的体育文物不仅艺术品位高,文化内涵十分丰富,它还反映了这一区域曾是我国经济发达、社会繁荣的文化高地,民众安居乐业,运动休闲娱乐生活多样。这些体育文物作为世界文化遗产的重要组成部分,历经千年历史沧桑,具备独特的文化价值和精神内涵,是勾起乡愁的文化符号,是沉淀于内心的民族自信源泉。这些体育物质文化遗产和运河沿线丰富的非物质文化遗产相得益彰,是打造继古开今的璀璨文化带、山水秀丽的绿色生态带、享誉中外的缤纷旅游带不可或缺的资源。做好大运河安徽段体育文物的保护开发,顶层设计,统筹规划,多学科探究,让运河文化经济带融入运动休闲元素是时代重任。

四、明清时期大运河安徽段区域的尚武之风

当前以历史地理学方法开展地域文化研究是学术热点之一。上海体育学院郭志禹教授及其指导的博士生对不同地域进行了尚武文化研究,已取得初步成果。淮北地区主要指淮河以北黄河以南,以安徽淮北市为中心的广大区域,包括淮北

市、阜阳市、亳州市、宿州市等,也包括徐州周边和安徽相邻的沛县、邳州等地,甚至包括淮河沿岸寿县、定远、天长等地,大略相当于司马迁所述说的"西楚"地区。研究文化要从文化特征入手,淮北地区尚武的最大特征是单向性特征,即从汉代的"文武并重"到明清时期的"武事特盛",明清时期淮北地区尚武之风达到顶点。

（一）尚武之风的演替

淮北地区尚武之风最主要的特征就是单向性。所谓单向性是指淮北地区尚武之风的延续性,从古代到明清时期,甚至到近现代,淮北地区尚武之风呈单向性发展,尚武之风愈演愈烈,武风凛凛,而文事却不断衰落。先秦方国时期,淮北地区为最早的淮夷人活动地,土地肥美,但又由于其重要的战略地位,各国之间普遍存在矛盾斗争,弱肉强食,都重视武力,武术活动普遍开展。两汉时期,作为刘邦发迹之地,淮北地区涌现出大批能人武士。如"目视项王,头发上指,目尽裂"的樊哙;"破秦军于蓝田"的周勃;"少文,任气,好直言"的王陵;精于骑战的灌婴和精于车战"以兵车趣攻战疾"的夏侯婴;"身披七十创"的曹参等。[①] 两汉以降,淮北地区成为中国南北文武文化分区的地方,淮北地区武术文化得到加强。西晋伏滔《正淮论》载:"其俗尚气力而多勇悍,其人习战争而贵诈伪,豪右并兼之门,士室而七藏甲,挟剑之家比屋而发。"可见淮北地区武术之风之炽烈。宋元时期,淮北地区武术文化继续发展,《太平寰宇记》载:"人多躁急剽悍,勇敢轻进。"元朝许士渊曾说淮北地区"百年间人俗犷悍"。元末明初,造就许多战将,仅万历、崇祯年间,外地任职武将就有216人。沛县是帝王之乡,自古以来习武之风甚浓,明清之际,武风全面兴盛。《沛县志》载:"沛人尚势力挟意气……民喜佩剑以自卫,家有剑戟以防贼。"

与尚武之风不断发展形成鲜明对比的是,淮北地区在两汉时期文化名人很多,到明清时期,文人却不断减少。

（二）明清时期的"武事特盛"

明清时期经过汉代以来的社会变迁,淮北地区成为尚武之风特别浓烈的地区,完全改变了汉代文武并重的局面。

1. 民风习武好斗

嘉靖时期,颍州民间武风炽盛,有的州人养士习武,如刘廷传"家产不逾中人,尽散之以养客……暇则部以兵法"。凤颍一带,万历学者王士性《广志绎》载:"凤、颍习武好乱,意气逼人,雄心易逞。"《颍州府志》载:"小民无所标准,其黠者习于讦告,憨者流于斗狠,下至无等,盗窃成风……霍之犷野,蒙之福啬,颍太之朴鄙,阜亳

---

① 朱永光.论秦末汉初武术文化塑造沛籍陪臣与武将[J].北京体育大学学报,1999(1):9.

之尚气……厌文好武,相尚无已,以至荡析家产,弃祖父之业者比比皆是。"

颍上在明朝时期就武风甚厚,嘉靖时期陈乾《邑令蹇公去思碑记》载:"土瘠而民贫,齿繁而用广,有淮海之徼,故多武事……地广则奸宄之察有所难周,人众则斗辩纷争……况流移杂处,风俗劲悍。"

蒙城民间曾修建盗跖祠,对春秋战国之际的柳下跖顶礼膜拜,而"盗跖"柳下跖在传统社会是被称为暴徒、盗贼的。① 对他的崇拜充分说明蒙城民间对武术的热衷。《蒙城县志书》载:"明末年间,荒寇频加,民风顿异,时有善配刀剑,不愿为良民者。"

明末太和县屡遭战乱,知县吴世济认为"地方安全,积谷讲武",规定县民"什伍为群,或习刀棒,或习箭弹"。《太和县志》载:"太和地滨汝南,故生其地者不能不刚强而好斗。"太和知县阮文藻曾写诗劝县民:"有田且力耕,何必佩刀䦆。"

宿州嘉靖时不少县民"桀骜任侠"。万历年间,多建盗跖祠。乾隆时期灵璧知县贡震曾说:"乐岁则民气悍而难驯……灵璧壤介淮徐,土风劲悍。"

亳州清朝时期武风渐盛,《亳州志》载:"初不闻拳勇相尚也,后乃急疾尚气,渐染北方之强,动辄招群相斗……惟少年习武,技勇相角。"乾隆时期亳州知州周鹤立曾云:"可恨者莫如斗殴,或借睚眦以泄忿,拔剑为豪,或缘叱咤以生风,捉刀相向,轻者伤肌断骨,重则捐命忘躯。"

2. 武术种类繁多

淮北地区自古是武术之乡,交通要道,武术文化交流频繁,武术品种繁多。仅就沛县而言,清朝流传的武术拳种有武当洪拳、二洪拳、徐派少林拳、西阳掌、三晃膀大鸿拳、赵派大洪拳、形意拳、八卦掌等,仅梅花拳又分为刘派梅花拳(刘保军)、李派梅花拳(李振亭)等。武当洪拳在当地很有影响,清光绪年间,张福顺来沛县传授武当洪拳,洪拳关西架阴柔圆活,关东架阳刚脆快,内容丰富,有套路、器械、功法、散手、擒拿、养生气功等,如十八路对练打捶、三十六摔、七十二擒拿法、抓门道功夫、春秋大刀、双拐、四节镗、手梢子等。

3. 民间武术组织众多

明清时期淮北地区不乏武功高强、为人正直的高人和传授弘扬武术的团体,但也存在大量的匪徒及非法组织。在动乱环境下,淮北地区武术组织有很多,如路魔、碾子、捻子、抬天、尖刀、罗汉、顺刀会、义和拳、八卦教、虎尾鞭等。路霸就是路魔,他们"什伍相聚,各持刀械,踞水陆要隘,藉纳私盐稍贩为名,恣意讹索,滋生事端";碾子则是"专匪罪人,包送私盐,抗拒官捕"的非法团伙;捻子是后来的捻军,

---

① 汪汉忠. 灾害、社会与现代化:以苏北民国时期为中心的考察[M]. 北京:社会科学文献出版社,2005:286.

在肯定捻军起义的正义性的同时,不可否认捻军存在打家劫舍的破坏行为,时云:"捻匪一股,尤称劲悍,其众始自皖之颍亳凤寿……风气刚劲。"

4. 民间私藏器械众多

明清时期,淮北地区民间私藏枪支刀械很为普遍,格斗之风盛行。嘉庆时期颍州"下至无赖之子,带刀而不买犊""好斗而肆志,小有所不忍往往挺刃矢相拼,视性命如草芥"。以至于当时的颍州知府左辅发布命令:"所有抬枪炮位,除自行销毁易设农器外,余则缴官,随时给予价值,限一月内尽缴,如敢私藏,照律治罪。"①凤台民间私藏器械尤为严重,《凤台县志》载:"行则带刀剑,轻死而好斗",普通农家"亦必蓄刀蓄枪,甚者蓄火器"。道光时期的御史章炜曾说亳州、蒙城一带"民风强悍,遇事忿争,往往号召多人,持械格斗"。在安徽为官多年的查揆曾说:"(淮北地区)分棚纠众,白昼露刀械,稍睚眦即殴杀"。

5. 武术人物

浓厚的习武风气使得淮北地区产生许多有名的武术人物,仅沛县而言,就有光绪六年到沛县传拳的张福顺。《沛县志》载:"张栋书,字福顺,人称张胖子……自幼随父习武,苦练二十余载,深得其父真传,并有所发展,功夫已达炉火纯青之境。"此外还有田培祥(二洪拳祖师),李振亭(李派梅花拳祖师),徐兴武(徐派少林拳祖师),丁修国(西阳掌祖师),李兴美(三晃膀大鸿拳祖师),宋月明(宋派少林拳祖师),赵清纯(赵派大洪拳祖师),刘保军(刘派梅花拳祖师),张凤州(形意八卦掌祖师),梁中贵(梁派形意少林拳祖师)等。

6. 武举中第者重

自唐代开始,武举制度实行,明清时期,都坚持以武取士。武举制一经实施,文采不足的淮北地区各州县视武举为出人头地之道,相比全国而言,武举人所占比例甚大,充分说明淮北地区是尚武之风盛行之地。

根据乾隆《泗州志》、道光《阜阳县制》、光绪《凤阳县志》等记载统计,明清时期,颍州明代共产生武举人41人,武进士3人,清朝共产生武举人170人,武进士13人。宿州明代共产生武举人22人,武进士9人,清朝共产生武举人43人,武进士6人。凤阳明代共产生武举人4人,武进士3人,清朝共产生武举人38人,武进士1人。寿州明代共产生武举人12人,武进士2人,清朝共产生武举人148人,武进士10人。泗州明代共产生武举人11人,武进士8人,清朝共产生武举人43人,武进士5人。

从明代到清代淮北地区武举人数量上升明显,以颍州蒙城为例,明朝时只有武进士李皇桢1人,清代则上升到7人;明朝时有武举人萧起等9人,清代则上升到51人。亳州明朝时武进士只有3人,清代上升到10人;武举人明朝时有10人,清代上

---

① 聂崇岐. 捻军资料别集[M]. 上海:上海人民出版社,1958:23-24.

升到105人。

清朝时期,凤阳参加武举的名额居全省第4位,颍州居第6位;武举人数分别居全省第5位,第4位。参加武举的名额和武举人数之比居全省第5位,第2位。数据表明武科中第带来的荣耀,激发剽悍的淮北人弃文从武,使得淮北地区武举繁盛,从而明清时期的淮北地区尚武之风十分浓烈。

五、结论

对大运河区域安徽段体育文化变迁进行审视,发现这一区域是我国文明发展早、经济社会发达的地区,在体育文化发展史上具有重要影响和地位,尤其是养生体育文化发达,这一区域涌现出老子、庄子、华佗、桓谭等著名养生家,体育文化呈现文武平衡的特点。运河开凿为这一区域体育文化发展创造了条件,出现蹴鞠、捶丸、相扑、围棋等运动文化。但自宋代开始,这一区域受黄河泛淮影响,经济社会逐步衰落,文化地位相对下降,民风变得剽悍,武术活动活跃,体育文化呈现文武失衡的特点。

第三章 大运河安徽段区域城市历史地理与体育文化

第一节 城市与体育文化发展

城市化浪潮中,体育和城市发展的关系成为学者们的关注热点,特别是2008年北京奥运会成功举办以后,体育和城市发展关系的研究呈现多元化态势。一般认为体育能促进城市发展,是塑造城市形象的名片,但城市发展挤压了民族传统体育的生存空间,民族传统体育对城市发展作用甚微。事实果真如此吗?著名的美国技术哲学家刘易斯·芒福德对此有着深刻的见解,他从城市发展的六个形态,从技术哲学的角度对体育和城市发展的关系多有深入剖析,更是震耳发聩地提出城市机械发展弊端的体育救赎之道,无疑对我们解决民族传统体育传承困局有着深刻的启示,也为推进"灵妙化"的新型城镇提供有益借鉴。

一、刘易斯·芒福德历史哲学下的体育

刘易斯·芒福德(Lewis Mumford)是美国著名的人文主义学者,他既是一位技术哲学家,又是一位世界闻名的城市理论学家,在他的名著《城市发展史》中多有对体育和城市发展的论述,尤其是对古希腊城市和体育的关系论述见解深刻,他特别推崇浸润体育元素的古希腊城市,称之为"灵妙的"城市。

(一)城市发展的六个阶段形态与体育

芒福德对于城市的定义是鲜明的:城市从其起源时代开始便是一种特殊的构造,它专门用来储存并流传人类文明的成果;这种构造致密而紧凑,足以用最小的空间容纳更多的设施;同时又能扩大自身的结构,以适应不断变化的需求和社会发展更加繁复的形式,从而保存不断积累起来的社会遗产。芒福德对城市充满人文理想,他认为城市是文化的容器。"城市的主要功能是化力为形,化权能为文化,化

朽物为活灵灵的艺术形象,化生物繁衍为社会创新。"①贮存文化、流传文化、创造文化是城市的三个基本使命,城市是人类美好生活的理想圣地,正如亚里士多德所言:"人们聚集到城市里来居住;他们之所以留居在城市里,是因为城市中可以生活得更好。"

芒福德在其《城市发展史》中把城市划分为六种形态:原始城市(Eopolis)、城邦(Polis)、中心城市(Metropolis)、特大城市(Megalopolis)、专制城市(Tyrannopolis)、死亡城市(Nekropolis)。

原始城市是村庄的原形,体育和城市都具有宗教神圣色彩,体现了城市和体育起源的亲近性。城邦是村庄向城市过渡的一个阶段,芒福德尤其推崇古希腊的城邦,并且以较大篇幅论证希腊城邦自然、浪漫的体育追求,赞誉希腊城邦富有灵巧的魅力。中心城市是在差别不大的村庄和村镇中出现的一座城市,中心城市促进了文化交流和新发明的出现,并打破常规,同时大大释放文化的力量,如柏拉图时代的雅典,体育场、戏剧台、演讲台等比邻,文化交流频繁,城市充满活力。特大城市在资本主义与工业主义的双重作用下,人口愈来愈集中,规模越来越大,特大城市机械复制代替了艺术创造,体形的庞大代替了对事物美感的追求,数量代替了意义,拥挤、隔膜、犯罪等各种"城市病"丛生,特大城市的畸形发展,使其文化容器变成了巨机器,较小的城市也被纳入巨形城市网络中,日益构成对文化和生态环境的威胁。在特大城市,体育逐渐被淹没于机械的城市扩张中,城市的活力逐渐匮乏。专制城市是经济、社会舞台上普遍出现寄生状态的城市,如公元2世纪的古罗马。在专制城市中,由于惯常掠夺成为公理,体育畸形发展,充满血腥、暴力、扩张,人性的空虚、残忍在古罗马的斗剑竞技比赛中一览无余。死亡城市是城市发展的最后阶段,由于战争、疾病和环境的破坏,城市只保留躯壳,体育的活力衰竭,但偏远的乡村依然保留古老的文化,当然也包括传统体育文化,是死亡之城复活的生机所在。

芒福德看似悲观的城市发展论,其实也蕴含着对城市发展的理性思考。现代城市所面临的种种困境,根本原因在于现代技术脱离生命技术,走向了巨技术的道路,由此造成文化有机整体的分裂,文化的性质演变为以物质文化为核心,单一、畸形发展的机械文化,原本作为文化容器的城市,自身也演变为一部巨机器。但人类城市发展并非没有希望,芒福德认为:"城市从生长、扩展到崩溃瓦解这个周期常常重复着,其原因质疑可能在于文化性质的本身……但是,我们现在所处的周期过程不一定是固定不变的,也不一定是命中注定的。一切聪明的规划必须以这一事实为基础,我们现代的世界文化和历史资源日渐丰富,接触联系日益扩大,有极其丰富的从未使用过的潜力……打破这个扩张性和崩溃性的周期循环,方法是建立新

---

① 刘易斯·芒福德. 城市发展史[M]. 宋俊岭,译. 北京:中国建筑工业出版社,2005:388.

的基本原则,这个基本原则更接近生活的要求。"①

(二) 刘易斯·芒福德的技术哲学与体育

芒福德认为从古至今存在两种类型的技术:生命技术(Technics)与巨技术(Megatechnics)。在芒福德看来,所谓"生命技术指的是人类的生活所需要的全部装备"②。所谓巨技术或是指与生命技术、适用性技术、多元技术相反的一元化专制技术,其目标是权利和控制,其表现是制造整齐划一的秩序。巨技术的主要特征是:它是工具技术极端化发展而形成的机械技术,不过是生命技术的特定化的碎片,但由于极端化发展,它脱离了有机的生活与文化,脱离了人类的心灵与身体;它不仅体现为机器等实体,更体现为与机器相适应的社会关系、组织与制度。它是一元化的、专制而无形的、非有机的、指向权力和控制的,因而不是好的技术;它起源于埃及,古埃及专制王朝是一切机器的原型。在现代,它体现为极权主义政治结构、官僚管理体制和军事及工业体系。③芒福德关于技术的观点十分独特,通常人们认为现代技术产生于18世纪工业革命时期,但他认为现代技术早在10世纪就诞生了,从古至今,社会无非是两种技术的交替发展,现代技术是由"始技术""旧技术阶段"和"新技术阶段"互相重叠和渗透的阶段构成的,每一个阶段都形成了一种技术的复合。

芒福德的技术哲学具有开阔的、整体、嵌入文化并以文化整合技术发展的技术观。以其观点,体育也是一种技术,属于生命技术,是和以物质文化为核心的技术相互补充的有机技术,体育作为生命技术的使命有利于矫正巨技术或者机械技术主导的城市发展的弊端。概言之,体育历史久远,是伴随人类健康成长的技术体系的一部分,是文化有机体的组成部分。体育在芒福德的技术哲学观中占据着重要地位,《城市发展史》多有关于城市和体育的论述,如谈及古希腊文明,他说:"体育场、疗养地、剧场,便是他们对城市文化所做的决定性贡献。"④芒福德对体育的高度评价,尤能可贵,富有远见,极具洞察力。

---

①④ 刘易斯·芒福德.城市发展史[M].宋俊岭,译.北京:中国建筑工业出版社,2005:388.
② 吴国盛.技术哲学经典读本[M].上海:上海交通大学出版社,2008:499.
③ 邓波.技术与城市发展[J].自然辩证法研究,2009(12):44.

二、体育与城市发展的关系

(一) 体育对城市的作用

1. 体育催生了城市的诞生

芒福德认为,新石器时代技术的主要革命并不在于武器和工具,而在于容器的出现,若没有容器,新石器时代的人类将无法贮存粮食,因此容器带给人类的意义远远超过容器本身作为存储功能的意义。可以说,城市就是一个巨型的容器。最原始的城市诞生于公元前3000年,它源于一场异乎寻常的技术大革命。谷物栽培、犁的发明、制陶、帆船、纺织机、冶铜术、建筑物等一大批"生命技术"的发明催生了城市的诞生。体育在人类狩猎、战争等活动中萌芽,并且在某种意义上具有神圣的宗教意义,而城市在诞生之初曾是原始人类举行祭祀等宗教活动的场所,这种局面一直持续到古希腊时期,奥林匹克运动会"兴起于众神的家园,小小的奥林匹亚,这并不是偶然的,运动会和比赛都有一定的宗教根源,如果说它们并非总是宗教的直接产物的话"。[①]体育是原始人类的"生命技术",对于城市的诞生具有重要意义。

"古代广场(Agora或Forum)最早的功能,大约就是将观众集中在一起观看竞技比赛,举行比赛的做法后来又传给了城市。"[②]体育不仅作为"生命技术"催生城市的诞生,城市的构想和设计同样源于体育活动,"就在狩猎英雄这魁伟粗犷的躯体中,逐渐产生出与后世城市密切相关的那些普遍的大体量、大尺度。同样,体力和机械力也作为某种好的东西被人们开始注意了"。在芒福德看来,城市的设计及发展框架和狩猎、体力、机械力等体育元素是密切相关的,城市的发展是在体育生命技术的启发下进行的。体育是城市机械力主导思想的源泉,狩猎体育活动产生大体量的机械力,而机械力是城市技术主导机制之一。

2. 体育是城市"灵妙化"的关键

体育不仅和城市的诞生密切相关,而且对于塑造城市的精神特质具有重要意义。在城市的六个形态中,体育由始至终对城市空间、城市规划、城市功能等起着重大的推动作用。在原始城市、城邦、中心城市这三种形态中,起主导作用的是"生命技术",它的主要功能是服务于生活。人们追求的目标不是更多的能量,而是生

[①] 吴国盛. 技术哲学经典读本[M]. 上海:上海交通大学出版社,2008:499.
[②] 刘易斯·芒福德. 城市发展史[M]. 宋俊岭,译. 北京:中国建筑工业出版社,2005:388.

活的丰富多彩和对美好事物以及生命意义的追求。因此芒福德否认"人是制造和使用工具的动物"这一传统观点,他认为对意义的追求才是人和动物区别的关键。从早期的巫术、图腾崇拜、原始体育等文化,到神庙、教堂、广场、市政厅等建筑都体现了人类对意义的追求。坚硬的城市构筑物由于原始体育等生命技术而具有某种象征意义,"在城市中,生活的韵律似乎是在物质化与灵妙化二者之间变换摇摆;坚硬的构筑物,通过人的感受性,却具有了某种象征意义,将主体同客体联系在一起"①。

那么,城市是如何通过体育具有灵妙化的气质呢?在芒福德看来是戏剧,他很看重戏剧的作用,认为它是城市通过体育具有灵魂的中介。"戏剧进入城市的另一种根源,是它从部落社会的另一种仪式中得到充实;这种仪式就是比赛或竞技,有时是智力比赛,有时是体力或体能的比赛。"

3. 体育是城市懈怠的解毒剂

城市在给人类文明带来巨大成就的同时,不可避免地产生一些消极后果,其中之一就是人类精神的懈怠。所谓懈怠主要是指城市的发展带来便利的设施和生活条件,使人类脱离洪水猛兽的侵袭,人类财富增长,衣食无忧,但不可否认的是交通工具的发展和人类生活方式的改变,现代文明弊病的蔓延,对人类积极进取的精神产生抑制作用。怎样保持人类旺盛的体力和积极进取的精神面貌?芒福德开出的"药方"是体育,他认为:"从方法上讲,那些有权威的僧侣阶级又有什么同样有价值的东西奉献给社会呢?而只要体育场能招引人们来从事体育锻炼,它便有助于克服身体的懈怠,这种懈怠是人类为适应有限制的、定居的城市环境而付出的代价。"②

4. 体育促进城市交流

体育是一种最好的肢体语言,最易于人类文化交流。人类交流所采取的普遍形式是对话,而"对话是城市生活的最高表现形式之一,是长长的青藤上的一朵鲜花"③。古希腊灿烂的文明成果一定程度上都是通过体育竞技传播的。芒福德尤其推崇体育对希腊文明的重要意义,"用一个词去概括希腊城市文化与其先驱文化的最主要区别的话,我们可以说:奥林匹亚"。体育竞技在希腊城市生活和文化传播中具有重要意义。古代希腊四个全希腊的大型节日——奥林匹克竞技大会、皮蒂亚运动会(Pythian)、伊斯米亚运动会(Isthmian Games)和尼米亚运动会(Nemean Games),它们把古希腊人从希腊的每个角落聚集到一起,在这样的季节里行走在神圣的道路上,不会受到袭击,如此大规模的动员和聚会预示着更广阔世界中更自由的运动。

---

①②③ 刘易斯·芒福德. 城市发展史[M]. 宋俊岭,译. 北京:中国建筑工业出版社,2005:388.

古希腊奥运会已超出单纯比赛场所之功用,成为城邦活动的"公共空间"。政治上,各城邦利用奥运会的公共场合讨论政治问题,庆祝军事胜利,解决彼此争议,甚至结成各种同盟。经济上,奥运会推动城邦经济的交流,促进商贸集市的开展,刺激市场物资的消耗。文化上,奥运会成为了名副其实的文化盛会,雄辩家、诗人、戏剧家、雕塑师和民间艺人聚集在此,展示才华。如此热闹昌盛的景象,正如美国学者哈斯柯指出的:"对希腊人来说,奥运会所代表的理想模式意味着城邦和谐、宗教、文化及价值观念的联合庆典。"[①]

5. 罗马城畸形体育对城市的负面影响

畸形发展的体育对城市文化的负面影响是深刻的,芒福德在论述古罗马城市时,不无遗憾地说:"斗技场和浴场实际上是罗马对城市遗产所增添的新贡献,斗技场毒化这份遗产,浴场则净化这份遗产,二者都是庞大的组织要求有紧凑的空间布局和高密度居住的时期为民众消遣活动而构想出的大型建筑物。"[②]

罗马城以掠夺畸形发展,畸形发展的体育又助长了罗马城空虚地扩张蔓延,使这座城市充满暴戾之气,斗剑比赛最早是在公元前264年传入罗马城的……从下面一个事实中,我们不难推断出斗剑比赛表演具有多大的吸引力。君士坦丁大帝敢立基督教为罗马国教,但却不敢取缔这些表演,甚至不敢取消斗剑比赛。直到公元404年,即阿拉尔克的军队攻陷罗马城的前六年,斗剑比赛才由霍诺里乌斯所终止。

(二)城市对体育的作用

1. 城市创新是体育发展的动力

城市是创新的场所,"因此,城市变成了一个特殊的环境,它不仅支持着王权制,而且创造着不同类型的人,这种新型的人,与其处于较狭窄环境中的同类相比较,更容易接受宇宙的现实,更容易超脱部落社会习俗的羁绊,更能以同化旧价值观而创造新的价值观,更能作出新的决定,选择新的方向"[③]。

城市是对话的地方,对话是城市保持活力的源泉,缺乏对话,缺少文化交流的城市注定要走向衰落。"城市衰败的最明显标志,城市中缺乏社会人格存在的最明显标志,就在于缺少对话——并非一定是沉默不语,或同样指的是那种千语一腔的杂乱扰攘,也都是这种表现。只有在分歧受到尊重,反对遇到容忍的地方,斗争才能转化成辩论。因而,城市就其内部经济而言乃是压抑物质斗争而促进心理斗争的地方。"

体育的本质也是创新的,代表了人类永无止境的进取精神。体育发展的历史

---

① 张井梅.希腊文明与奥林匹克运动会[J].世界历史,2008(3):105.
②③ 刘易斯·芒福德.城市发展史[M].宋俊岭,译.北京:中国建筑工业出版社,2005:388.

也是创新的历史,城市作为创新、对话、促进心理斗争的特质和体育的本质是高度吻合的,正因为如此,城市为体育的发展提供良好的空间和场所。城市创新则体育兴,早期古希腊城邦的兴起赋予体育以生命,而当古希腊城邦瓦解衰落时,古奥林匹克运动会也趋于衰亡。考察其根本原因,是古希腊城邦创新活力的消亡窒息了体育的发展。①

英美两国在近代城市化进程中,城市发展创新为体育发展带来巨大变化,主要体现在人口规模的扩大,移民的流动为体育发展创造了基础条件,城市空间的拓展,尤其是城市公园为体育提供了场所,工业结构的变化,特别是服务业的扩大,为体育产业的地位奠定了基础。②

2. 城市是传统体育传承的文化空间

现在一般观点认为城市化形成对传统体育的挤压,造成民族传统体育生存的危机,但芒福德并不这样认为,他认为城市是传承文明的地方,其中包含民族传统体育文化。芒福德对古希腊城市的文明传承尤其赞赏。"古希腊城市就是这种很典型的村庄的联合,或称之为联村城市(Synoecism)。它有时是由民主方式产生的,有时则是由国王强制形成的,例如雅典。而不论哪种情况,城市本身的凝聚力都不是完备的,对城市的统治也不是绝对的。"③

正是古希腊城市联村城市的特点,才兴起灿烂的奥林匹克文明,对人类形成巨大的贡献。"进入城市后,居民们把许多有益的乡村消遣方式和健身活动都丢掉了;所以,奥林匹克运动会的使命就是恢复这些特点,使之成为城市日常生活的一部分——从农耕、放牧和山林狩猎中发展形成的那种独立的合于传统风格的锻炼形式。这种新制度的精神副产品证明它与身体健康同样重要。"

一般观点认为中世纪的欧洲体育是衰落的,在教会的压制下,缺乏活力,但芒福德并不这样认为,在他看来,中世纪的欧洲城市依然保留着体育的活力,"中世纪的人们习惯于户外生活,他们有射击场和滚木球戏场,他们玩球、踢球,参加赛跑,练习射箭"④。

中世纪的欧洲城市为什么还保留着体育的活力呢?芒福德认为主要是因为城市保持着乡村的影响,或言之,农村及其依附的传统体育影响着城镇,从而使得中世纪城市保持着一定的灵妙。"这种强烈的农村影响也反映在早期的城市规划中,典型的中世纪城镇很像我们今天的村子或乡间小镇,而不像拥挤的现代商业中心。"

---

① 刘欣喜然.生命行为的存在:体育哲学、历史与文化的线索[M].北京:北京体育大学出版社,2014:55.

② 邱雪.城市化进程中的体育发展探究:以英、美两国为例[J].中国体育科技,2014(6):102.

③④ 刘易斯·芒福德.城市发展史[M].宋俊岭,译.北京:中国建筑工业出版社,2005:388.

古希腊联村城市的特点及其对民族传统体育的保护作用,以及中世纪城市体育活力的保持,启发我们在大力推进城市化的同时,能否保持美好的乡村建设,不把城市化和乡村建设对立起来呢?也就是说在推进城市化的同时重视对传统村落、传统集镇的保护,进而传承民族传统体育文化。

3. 城市的机械发展和商业化抑制体育健康发展

在城市的后三个形态中,起主导作用的是巨技术。特别是工业化时期,蒸汽机的发明和交通工具的革命以及工业生产本身的扩张趋势,加速了人口和经济要素向城市的聚集,城市性质逐渐由前工业时期的宗教性、行政性和消费性变为工业性和生产性,城市本身变成一部巨机器。20世纪以来,世界新技术革命风起云涌,城市性质由生产功能转向服务功能,制造业地位明显下降,经济呈现服务化趋势。高速公路、高速铁路、飞机等现代交通工具的出现产生时空压缩效应,人口和经济要素的空间流动阻碍因素下降。但我们必须清醒地看到,巨技术的负面影响日趋突出,如果"一意孤行",任由巨机器肆意发展,那么,已经变为巨机器的巨型城市将可能转变为专制城市,最后沦为死亡城市。

芒福德对脱离"生命技术"的城市是持批判态度的,他说:"罗马城显然因患特大城市象皮病(Megalopolitan Elephantiasis)而受尽苦难。"

罗马城是通过掠夺而迅速扩张的,在城市的盲目扩张中,形成寄生阶层,对体育的发展产生深刻影响,体育活动畸形发展,充满血腥、暴力、空虚,芒福德对此给予深刻批判。"罗马人对屠杀的浓厚兴趣持续了许多个世纪,无怪乎他们嫌希腊体育运动有些女人气、没意思,其中缺乏足够的流血、恐怖和苦恼,只是单纯的体育竞赛。"[①]

巨技术起主导作用的城市,是脱离生命技术的城市,忽视对人类文化意义的追寻,会抑制体育活力的迸发。一方面,城市带来的人口迅猛增长,运动休闲资源可能会被庞大的人口基数而摊薄;另一方面,城市的住宅、商业、工业用地势必会削减自然资源的面积。如城市带来的对自然环境的破坏,导致体育活动场所被破坏,如2010年美国墨西哥湾的一起原油泄漏事故,对当地的休闲垂钓产业产生不小的影响,再如青岛沿海海滨运动休闲场所每年都会被浒苔大爆发困扰。浒苔恶性繁殖,使昔日水色翠绿的山东青岛第二海水浴场等沿岸景观地失去往日的亲和力,而映入眼帘的竟是浒苔和袒露的白浊海水共存的一片沼泽。城市对人工运动休闲的环境影响也是值得关注的,发达地区城市化吸引大量外来人口涌入,造成深圳社区体育设施人均指标偏低。2009年,深圳市社区体育设施面积不足0.7平方米/人。[②]

---

① 刘易斯·芒福德. 城市发展史[M]. 宋俊岭,译. 北京:中国建筑工业出版社,2005:388.
② 刘慧梅. 城市化与运动休闲[M]. 杭州:浙江大学出版社,2014:129.

4. 城市的恶性竞争使得体育畸形化发展

城市是竞争的舞台,突出表现在体育竞技领域。芒福德认为城市是新石器文化同旧石器文化相互结合的产物,在发展进程中,逐渐成为竞争之地。体育竞技是城市特质的表现,"城市便不仅带来了对外的掠夺进攻,也带来了城市紧张地斗争:市场上、法庭上、赌场上、斗技场上,小型的战争打了何止千百次。不幸这类斗争中所包含的游戏性质却从未被全部吸收到城市的经济生活和政治生活中,体育比赛和政治辩论比肩并立,而权利斗争更为激烈"。

城市的职业分层是竞争的结果,也是体育功利性的根本原因。城市竞争中,产生职业分层,这种分层同样蔓延到体育领域,"他们即使靠自动化机械摆脱了体力劳动,也仍然会将职业上的固定性和局限性沿用到体育、文娱、学术及科学活动中去"[①]。

市场化体制下的城市充满竞争,现代城市体育的本质也是竞争的,追求"更快、更高、更强"是现代奥林匹克运动的理念与追求,但我们在充满竞争的城市中,不要忘记过度竞争给体育带来的扭曲和异化。俄罗斯近年来发生了多起兴奋剂事件,从2020年年底被曝出田径队大规模有组织地使用禁药,到最近的米屈肼事件,涉及的人数众多,其中不乏莎拉波娃这样的明星选手。韩国球员郑宗官因涉嫌赌球畏罪自杀,使得韩国足坛赌球案扑朔迷离,国际足坛贪腐案更是持续发酵。这些都说明城市机械发展,以及脱离生命技术的恶性竞争模式都会泯灭体育的神圣本质和活力。

从理论上说,关于体育和城市的关系,芒福德把体育作为生命技术,对灵妙化城市的形成具有重要作用,是一种整体的、文化的视角,有利于矫正体育和城市之间认识的偏颇,提升体育在城市化进程中的作用和地位。

从现实上讲,中国正在进行前所未有的工业化和城市化发展。我国共有600多个城市,其中有100多个城市提出要建设成国际化的大都市或国际化城市,由此造成的城市盲目扩张,超越了经济社会文化的发展阶段和资源承受能力,城市病丛生。其中,体育公共服务严重不足也是城市化给体育带来的弊端之一。

我国城市建设中,不重视传统体育文化在内的文化保护,造成"千城一面"的现象,芒福德对现代技术脱离丰富多彩的传统文化,带来文化的同质化、单一化和机械化给予强烈的批判,强调城市贮存、传承、创造文化的使命,以及通过发展多元文化焕发城市活力给我们诸多启示。芒福德对乡村建设对城市的意义给予特别重视,认为乡村和城市并不是对立的,建设乡村和保留乡村文化是古代奥运会兴盛的原因之一。这对我们当代传承民族传统体育文化具有启发意义,在城市化的进程中,要善待村落及附着在其中的民族传统体育文化,这是城市化保持灵妙化的关键。

---

① 刘易斯·芒福德. 城市发展史[M]. 宋俊岭,译. 北京:中国建筑工业出版社,2005:388.

我国城市建设依然没有摆脱急功近利、环境破坏、过度开发的粗放型模式,体育建筑领域的问题也比较严重。如2012年6月,耗资8亿元兴建,仅仅使用9年,曾是亚洲最大室内体育场的沈阳绿岛室内足球场被爆破拆除,造成巨大的资源浪费和环境污染。[①]如何保持城市健康持续发展?芒福德力图在生态环境、工业、农业、人口、文化这几个领域之间达到平衡的生态思想,同样给予我们诸多启示。

总之,根据国情,研究体育和城市的内在关系,制定良好的体育和城市规划,对推动城市建设,推动国民经济社会文化建设具有至关重要的意义。

第二节 大运河安徽段区域城市历史地理与捶丸运动景观

众所周知,隋唐大运河对中国古代意义巨大。尽管随着历史变迁,隋唐大运河大部分湮没于地下,但随着近年来运河考古,特别是1999年全国十大考古发现的柳孜遗址的发掘,为人们重新展现了"公家运漕,私行商旅,舳舻相继"的繁华景象。大运河承载了中华民族深厚的文化记忆和情感,伴随中华民族伟大复兴受到格外重视。2014年6月,中国大运河被列入《世界遗产名录》;2019年2月,《大运河文化保护传承利用规划纲要》颁布;2019年7月24日,中央全面深化改革委员会第九次会议正式审议通过《大运河国家文化公园建设方案》。习近平总书记对"保护好、传承好、利用好"大运河文化遗产多次作出重要批示。大运河文化带建设进入国家战略层面,运河文化研究热方兴未艾。目前已有研究着眼于运河沿岸经济社会文化现象,有学者对京杭大运河体育非物质文化遗产进行初步探讨。[②]但运河体育物质文化遗产研究相对阙如。运河体育遗产是运河文化的重要组成部分,本节以38个运河城市联盟中的宿州、淮北两市出土的绞胎球为中心进行考察,再现隋唐大运河城市繁华的运动休闲景观。

一、绞胎球与隋唐大运河城市捶丸运动景观

捶丸是我国古代一项高雅的运动休闲活动形式,被誉为"古代高尔夫"。进行捶丸运动时,先把球放置在球基内,然后依次向数十步至数百步之外的若干球窝内

---

① 网易新闻.亚洲最大室内体育场爆破拆除,楼龄仅9年[EB/OL].(2012-06-04).https://sport.163.com/photoview/28F900005/82006.html.

② 张永虎,胡洪泉.京杭运河体育文化建设路径研究[J].武汉体育学院学报,2017(4):13-20.

击球。可以两人对打,也可以两队间比赛,以球入窝多者为胜。宋代至明代捶丸运动流行。捶丸之"丸",即是这项运动用球,绞胎球是捶丸用球类型之一。

(一) 作为体育遗产的宿州、淮北绞胎球

2006年宿州西关商业步行街隋唐运河遗址出土了1440余件文物,其中大部分是瓷器,包括绞胎球、围棋、弹丸等运动休闲用品。绞胎球1粒,直径为5.5厘米左右,球体圆润精美,黄绿色相间,如图3.1所示。

图3.1 宿州市博物馆唐代绞胎球

2012年淮北柳孜遗址进行了第二次发掘,出土7000余件文物。这次考古发掘出土了儿童蹴鞠、绞胎球、红黄色石球、黑釉球、围棋、木剑等珍贵的宋代体育文物。值得关注的是,在这次考古发掘中,出土了2粒绞胎球,直径为5.5厘米左右,球体圆润,黄褐色相间。还发掘有1粒红黄色石球,直径为5.5厘米左右;3粒黑釉球,直径为3厘米左右。这些体育文物陈列在淮北隋唐运河博物馆,如图3.2所示。

图3.2 淮北隋唐大运河博物馆宋代绞胎球

绞胎陶瓷是利用白褐两种色调的泥胎相间杂糅,然后模印成型的器物。与其他陶瓷器在器物表面进行施釉、绘画、雕刻、粘贴等技法装饰不同,绞胎器在坯胎成型前利用不同色泽的陶泥或瓷泥一起绞揉,在成型过程中使其花纹图案充分展开,烧出的瓷器花纹内外一致,图案别致,变化多端,纹路自然流畅,淡雅优美。绞胎瓷,多色糅合,象征着凝聚与团结,色彩阴阳和谐,蕴含着大道自然的道家文化旨趣,饱含华夏的传统美德。①

值得注意的是,有学者指出绞胎球是马球用球,如李小唐、李重申的《丝绸之路

---

① 冯晨. 绞胎陶瓷器研究[D]. 郑州:郑州大学,2019:1.

岁时节日民俗体育图录》等。①但笔者认为马球用球是在皮制囊中填充毛发等制成,绞胎球当是捶丸用球。

(二) 捶丸运动的历史演变

著名体育史学者崔乐泉研究认为捶丸运动是由石球类运动发展而来的。早在13世纪初,我国即流行捶丸运动,一般认为它是由唐宋时期的步打球转化而来的,而步打球是由马球转化而来的。作为捶丸运动的用球绞胎球是伴随球类运动演变而产生的。②

石球是古代球类运动的鼻祖。旧石器时代,距今170万年的云南元谋人,以及后来出现的陕西蓝田人、北京山顶洞人、山西丁村人、许家窑人都以石球作为生产和生活用具,在他们生活过的遗址中都发现有石球。据不完全统计,我国11个省市的31处遗址和地点中有球状制品1280多件。旧石器时代晚期至新石器时代,石球形制越来越精致,开始向玩具转变。③

石球在先秦时期已演变成蹴鞠运动,两汉时期蹴鞠运动广为流传。当时的蹴鞠是以动物的胃或皮缝制,内填以毛发等制成。主要作为训练士兵的手段和娱乐竞技的方式。

汉代以后,出现内充空气制作而成的充气球。由宋元发展至明清的蹴鞠,已经从整体上走向娱乐化。由足踢演化成骑在马上以杖击打的击鞠活动,也称马球运动。早在东汉时期,马球运动已在中原地区流行了。

唐代击鞠除了具有军队中士兵进行军事训练的功能,同时更是一种贵族体育运动,唐代多位皇帝都爱好击鞠。击鞠运动在唐代发展到一定阶段后,逐渐演化成被称之为"小打"的驴鞠和徒步击球的步打球。击鞠类球类活动使用的器械和活动方式已基本具备了后世捶丸的特点,而捶丸应是在此基础上逐渐形成的。

元代,捶丸活动在民间更为普及。至元19年(1282年),已有人将流行已久的捶丸进行整理,编撰《丸经》一书,可见捶丸活动在元代已兴起。明代捶丸活动仍是官员贵胄们喜爱的运动休闲项目。

(三) 隋唐大运河城市捶丸运动景观

尽管没有发现隋唐大运河城市捶丸运动的直接记载,但绞胎球(图3.3)在隋唐

---

① 李小唐,林春,李重申. 丝绸之路岁时节日民俗体育图录[M]. 兰州:甘肃教育出版社,2017:202.

② 崔乐泉. 中国古代球类运动与捶丸起源研究:兼具考古学资料分析[J]. 体育科学,2016(7):95.

③ 李超荣. 石球的研究[J]. 文物季刊,1994(5):103-108.

大运河城市的发现为我们留下无限的想象空间。正如文献记载:"剧场建旗,毬场上剧成了窝,立彩色旗儿。合众同乐,合聚捶丸之人,相与同乐。"生活富足的人们共享捶丸带给他们的乐趣。

图3.3　故宫博物院绞胎球(左球直径为4厘米,右球直径为6厘米)

目前发现捶丸区域主要集中于四川、山西等地。如郑州出土的唐代步打球青花塔形罐、河北巨鹿出土的宋代儿童球戏陶枕、山东岱庙捶丸图、山西洪洞县捶丸图、1972年辽宁朝阳县辽代墓出土的童戏纹鎏金银大带、故宫博物院藏明代《宣宗行乐图》、上海博物院藏清代《仕女图》等。发现捶丸用球区域主要有北京、安徽淮北、安徽宿州、河南洛阳、四川成都、重庆等地。

巴蜀地区由于战国时期李冰开凿都江堰工程而成为天府之国,社会稳定,经济发达,捶丸运动开展较为普及。其他捶丸运动流行区域基本在隋唐大运河沿岸。

运河城市捶丸用球是用什么制作的呢?四川等地考古发现了以墨玉、金刚石和玛瑙等料制作的宋代捶丸用球,这表明在宋代捶丸用球除了赘木(图3.4),亦常用陶瓷和玉、石等质料为之。[①]正如高丽王朝为服务高丽人来华而编撰的汉语教材《朴通事颜解》所载:"球用木为之,或用玛瑙,大如鸡卵。"

图3.4　四川木质捶丸

元代捶丸专著《丸经》所载:"赘木为丸,乃坚乃久。赘木者,瘿木也。坚牢故可久而不坏。无窦为劣,轻重欲称。无眼者不可用。太重则迟,太轻则飘。"[②]所谓"赘木"是树木中横生的成囊块状物,即树疙瘩,用这种赘木加工成的球坚固耐用。有

---

① 张天琚. 从出土捶丸谈四川古代的马球、步打球和捶丸运动[J]. 收藏界,2008(7):101-103.
② 陈梦雷. 古今图书集成·艺术典·弄丸部·丸经·取材章[M]. 北京:中华书局,1985:33.

窠眼的赘木是上好的木料,能制成合乎规格的球。制成的球重量要合适。《金史》记载:"(击鞠)球状小如拳,以轻韧木枵其中而朱之。"击鞠和捶丸运动有着密切的承继关系,这段记载也佐证了捶丸用球的形态质地。

从上述记载来看,隋唐运河城市捶丸用球大部分可能以木质,或者瓷质为主。甚至不排除用"隋柳"的木疙瘩制作而成。据《资治通鉴》记载:"通济渠广四十步,渠旁皆筑御道,树以柳。"但木质捶丸由于易腐朽等原因,留存较少。

绞胎球属于瓷质用球。绞胎工艺可以上溯到两汉时期,一说可能是受西方玻璃制法影响而形成的。这种工艺至唐代开始受到世人关注,宋代达到巅峰,金元时期逐渐衰落。绞胎瓷制作工艺复杂,以制作小型瓷器为主。河南焦作当阳峪曾是宋代绞胎瓷制造中心区域。绞胎瓷因其独特的制作工艺和雅致的审美,又结实耐用,契合古代捶丸运动用球的文化品位。因此,绞胎球特别受到社会上层文人雅士的喜爱。目前所发现的绞胎球数量并不是很多,所以,淮北、宿州考古发现的绞胎球弥足珍贵。

其实,捶丸用球的制作有着较为严格的要求。《丸经·权舆章》曰:"丸准轮,轮量权,权量身。毬欲量棒大小,棒欲量身长短,相称则利,相欺则不利矣。"大意是说捶丸所用球就像是车轮,车轮是以车体为标准制造的,球的大小要以球棒为标准制造,球棒长短则是以使用者的身高作为依据。球和球棒相称,球棒和使用者的身高相称,使用起来才能顺手得力,有利于捶丸竞赛中技术的发挥。

在捶丸活动的场地设施方面,《朴通事谚解》给出捶丸击球多种形式的球窝,如掘地为窝、球门窝儿、花房窝儿等,球窝一般以花草为装饰。捶丸竞赛活动一般冬春之际举办,竞赛形式是"击球之法,或数人或十余人分左右以较胜负"。击球方式具有侧旋球、内外旋球等不同的形式。此外,还有跪着击球式,而且姿势各样。

捶丸由于不存在身体间的直接碰撞,大大降低了其剧烈程度,因而显得更加优雅、文明和安全,健身价值和趣味性超过击鞠和步打球,更易于不同体质的人学习和参与。捶丸运动规则严密,不仅是调养精神的手段,"诚足以收其放心,养其血脉,而怡怿乎精神者也",同时也是陶冶情操的手段,养护身体的精神法则,也是加强军队纪律、进行军事训练的好方法。所以,捶丸运动特别受军队官兵和官吏的青睐。

可以想见,运河沿岸城镇居民生活之余,制作得心应手的球和棒,修建各式球场,忙碌生活之余,不忘打上几场捶丸竞技,颐养身心。①

(四)捶丸运动的高雅气质

著名的城市史学者芒福德曾说体育是城市"灵妙化"的关键,他说:"这种仪式

---

① 陈昌怡.古代体育寻踪[M].北京:人民体育出版社,1990:212.

就是比赛或竞技,有时是智力比赛,有时是体力或体能的比赛。"[1]捶丸运动本身就具有高贵、典雅的气质,从一定程度上讲,它是隋唐运河城市繁华的记忆表征。换言之,它为运河名城增加了极具文化魅力和内涵的气质,这种气质是高雅醇厚、历久弥新、影响深远的。

作为一项高雅的休闲体育活动形式,捶丸在兴起后立即成为颇受上层社会欢迎的体育项目,"宋徽宗、金章宗皆爱捶丸,盛以锦囊,击以彩棒,碾玉缀顶,饰金缘边"。现存陕西省甘泉县博物馆收藏的一件宋代富家子弟捶丸纹画像砖,就形象描绘了捶丸活动在上层社会的盛行情况。画像中雕有官宦装束的两位捶丸者,屈膝,上身前俯,共同握一顶端弧弯的半弦月形球杖。整幅画面表现的是右边一人正在指导左边一人如何击球。

山西省洪洞县水神庙神大殿的墙壁壁画上发现一幅绘于元代的捶丸图(图3.5)。捶丸图的背景为一深山峡谷,捶丸的场地就位于峡谷之中。在上空彩云浮动、地面草木丛生的场地旁边,有一条水流涓涓的小溪。场地上有两位身着红袍的官员打扮的捶丸者,正手持球杆进行捶丸活动。两人的身后是两位击球官员的侍从。这幅捶丸图说明捶丸活动在元代的官员中间是一项很时尚的休闲运动形式。

图3.5　山西洪洞水神庙壁画元代捶丸图壁画

隋唐大运河城市洛阳、开封是唐代、宋代的都城,官员、士兵开展捶丸运动当在情理之中,即便是运河沿岸城镇居民,生活富足,也有条件开展捶丸活动。如根据考古发现柳孜遗址发现很多家畜骸骨,证明当时居民饮食中有相当比例的肉食,自然对于少数富足之家开展捶丸运动不是什么奢望。元朝著名散曲家、剧作家张可

---

[1] 刘易斯·芒福德.城市发展史[M].宋俊岭,译.北京:中国建筑工业出版社,2005:186.

久的《南吕·金字经·观九副使小打》就对富贵人家的庭院捶丸场地做了形象描述："静院春三月,锦衣来众官,试我花张董四擤。搬,柳边田地宽。湖山畔,翠窝藏玉丸。"

纹路典雅流畅的绞胎球,不仅仅是捶丸用球,还凝聚了我们对淮北、洛阳、宿州等运河名城深厚的文化记忆,赋予运河名城高贵典雅的文化品格,是当代推进运河文化带建设的宝贵资源。

二、隋唐大运河城市捶丸运动流行的文化基础

隋唐大运河是唐代、宋代的黄金水运带,更是一条文化带。隋唐大运河城市捶丸运动开展较为普及是有历史原因的。

我国是历史上最早开凿运河的国家之一。公元前482年,吴王夫差下令开凿了沟通济水和泗水的荷水运河。隋代定都洛阳,利用黄河作为基干,向东南、东北开凿运河,形成以洛阳为中心的运河网络。公元605年开通济渠(唐宋时期称汴河),解决了原由汴渠入泗水运道运行,河道弯曲、险滩重生、行船困难的问题,保障了中央王朝对长江中下游地区财政与粮食基地的沟通和控制。南宋以临安为行都,就东南一隅复兴漕运。东南各处漕路自隋炀帝开江南运河以来一直维持不废。又在浙西与浙东开凿若干段运河,疏浚江淮之间邗沟故道,构成交通网络。唐宋以后,运河虽经历变迁,但至今仍在发挥作用。大运河作为具有代表性的新型文化线路遗产和活态遗产,有学者认为:"它是自然与人文遗产的结合,古代、近代以及当代遗产的结合,物质与非物质遗产的结合,静态与动态遗产的结合,典型与非典型遗产的结合,点、线、面的结合。"[①]

隋唐大运河在长期的历史演变中,承载着深厚的历史文化内涵,也蕴含丰富的体育文化元素。如被誉为1999年全国十大考古新发现的淮北市柳孜遗址,2001年被确定为全国重点文物单位。2012年进行了第二次考古发掘,出土大量文物,总计达七千余件,其中有珍贵的宋代体育文物,包括抱蹴鞠孩童瓷器、瓷质围棋、象棋、骨牌、骰子、木剑等。

(一)发达的隋唐大运河城市经济

隋唐时期,政治中心在关中,而经济重心逐渐南移,出现政治中心和经济重心分离的情况。隋代大力开凿大运河,就是为解决政治中心和经济重心的联系问题。大运河沟通南北,促进南北经济、文化交流。沿运河流域经济带的城市也随之发展起来,淮安、扬州、苏州、杭州在当时号称四大都市。其他如黄河与汴河交会处的汴

---

① 史念海.中国的运河[M].西安:陕西人民出版社,1988:266.

州(今开封)、泗州、宋州(商丘),黄河之北则有魏州、蓟州等都得到了发展。[①]

隋唐时期,洛阳已发展得十分繁华。隋朝时,洛阳成为东都,有丰都、通远、大同三市。东都商业繁荣,当时的商业贸易大多在三市中进行。三市之中,以丰都最为繁华。"东西南北居二坊之地……其内一百二十行,三十余肆。甍宇齐平,四望如一,榆柳交阴,通渠相注。市四壁有四百余店。重楼延阁,互相映照,招致商旅,珍奇山积。"唐代商品经济繁盛,"三江五湖,控引河洛,兼包淮海。弘舸巨舰,千轴万艘,交贸往还,昧旦永日"。洛阳南市有"一百二十行,三千余肆,货贿山积"。洛河北岸"为天下舟船之所集,常万余艘,填满河路,商旅贸易,车马填塞,若西京之崇仁坊"。河南省考古工作者在洛阳老城北邙山脚下的唐墓中,发掘出了波斯萨珊王朝的银币。

开封是历史悠久的名城,但真正的繁荣却是在大运河开通之后。隋炀帝开通通济渠,"自板渚引河至于淮"。大运河的开通,使开封成为漕运的中心。"北通涿郡之渔商,南运江都之转输"。刘宽夫《汴州纠曹厅壁记》云:"大梁当天下之要,总舟车之繁,控河朔之咽喉,通淮湖之通漕"。

宿州地处淮北,自古以来是兵家必争之地。随着汴河的开通及其在经济交流中的作用的迅速提高,宿州的地位也与日俱增。特别是安史之乱以后,江淮地区成为唐朝的赋税重镇,东南漕运更是唐代后期的生命线。正因为如此,中唐以后,唐庭唯恐被人割断这条他们赖以生存的经济命脉,对汴河沿岸的宿州异常关注。贞元四年(公元788年),李沁上言唐德宗,指出这一地区的重要性,他说:"江淮漕运以埇桥为咽喉,地属徐州,邻于李纳,刺史高明应年少不习事,若李纳一旦复有异图,窃据徐州,是失江淮也,国用何从而致!"因此,他建议朝廷派"为政宽厚而有纲纪"的张建封镇徐州,以加强对这一地区的控制,"则淄青慑息而运路常通,江淮安矣"[②]。

柳孜位于淮北市濉溪县百善镇境内,史书载为"柳子",俗称"柳江口"。柳孜西接睢阳,东近宿州,北通徐州,地理位置十分重要。《元丰九域志》记载:"宿州,符离郡,保静军节度……州西南九十里。三乡,柳子、蕲泽二镇。"《宋史》记载:"汴水横亘中国,首承大河,漕引江湖,利尽南海,半天下之财赋,并山泽之百货,悉由此道而进。"《元和郡县图志》则形象地描述通济渠:"公家运漕,私行商旅,舳舻相继。"众多的漕运与私行商旅必须从柳孜经过,从中很容易想象出当年柳孜车水马龙的景象。

1999年的考古发掘也充分证明了柳孜当年的繁荣景象。在运河遗址中,发现了八艘唐代沉船,据调查早在1958年,柳孜附近河床里就出土过铁锚、铁链等航船

---

① 安作璋. 中国运河文化史[M]. 济南:山东教育出版社,2006:400,445,856.

② 安作璋. 中国运河文化史[M]. 济南:山东教育出版社,2006:400,445,856.

物件。可以推测出当年停泊于此的船只为数众多,或许柳孜就是一个重要的港口。遗址出土的大量陶器、瓷器、铁器、铜钱等文物表明当时柳孜经济极为繁荣。[①]

北宋时期,徐州地近京畿,位处汴河与泗河会合之处,是江淮流域通往中原地区的枢纽所在。正如苏轼所说,徐州"为南北之襟要,而京东诸郡安危所寄"。宋代曾在徐州设"利国监",为北方炼铁中心之一。元丰年间又在徐州以南开发白土镇煤矿,主要用于冶炼利国监铁矿,从而使这里的冶铁业发达起来。据称当时利国监所属冶铁作坊凡三十六冶,冶各百余人,足见规模之大。工商人口的增加带动了徐州城市经济的繁荣与发展。[②]

(二)隋唐大运河城市雄厚的球类文化基础

隋唐大运河城市不仅具有雄厚的物质基础,也具有坚实的球类活动基础,球类活动普及程度较高。

洛阳作为千年帝都,很早就有击鞠运动的记载,如曹植《名都篇》记载:"连翩击鞠壤,巧捷惟万端",描绘了击鞠场面。唐代后期,洛阳马球之风盛行,《新唐书》记载文宗开成年间:"河南多恶少,或危帽散衣,击大球,户官道,车马不敢前。"唐末天祐元年,唐昭宗迁都洛阳时,跟随的随从中还有"打毬供奉内园小儿共二百余人",洛阳宫廷中有为打马球设置的文思球场。同年七月,朱温自汴州至洛阳,与百官在文思球场饮宴。《河南志》还记载唐中宗的女儿长宁公主在洛阳长夏门道德坊的宅第旁还有球场。

在马球的基础上,唐人发明了驴鞠。唐玄宗时期宰相李林甫就擅长驴鞠。《太平广记》记载:"(李林甫)年二十尚未读书。在东都,好游猎打球,驰逐鹰狗。每于城下槐坛下,骑驴击,略无休日。"

洛阳还开展步打球运动。唐代诗人王建的《宫词》有这样的诗句:"殿前铺设两边楼,寒食宫人步打球。一半走来争跪拜,上棚先谢得头筹。"直到后梁时期,洛阳皇宫中还有球场殿、兴安球场、保宁球场。后唐庄宗李存勖也多次和王公大臣在洛阳鞠场击球。

中国体育博物馆收藏有洛阳宋墓出土的打马球砖雕(图3.6)。2012年6月,洛阳市唐代王雄诞夫人魏氏墓出土了四件打马球俑,四个人均骑在马上,身穿翻领胡服,正弯腰看着地面。

2003年在洛阳伊川县大庄一座唐中期墓葬的发掘中还曾出土一件菱花形铜镜(图3.7),其浮雕纹饰正是打马球的场景,四位球手骑乘骏马,手持鞠杖做出各种

[①] 熊帝兵.隋唐大运河与柳孜经济文化的繁荣[J].淮北师范大学学报,2016(2):18-22.

[②] 安作璋.中国运河文化史[M].济南:山东教育出版社,2006:400,445,856.

各样的姿态。①

图3.6 洛阳宋代打马球砖雕

图3.7 洛阳唐代打马球菱花形铜镜

2008年1月,在河南郑州上街区唐墓中出土了一件青花塔式罐(图3.8),罐腹的图案上一人叉腿而立,右手扬弯曲球杆,左侧有一圆球。考古工作者认为该图反映的就是唐代步打球的场景。②

---

① 洛阳市第二文物工作队.洛阳伊川大庄唐墓(M3)发掘简报[J].文物,2005(8):16.
② 单纯刚.河南省郑州上街区考古发现完整唐代青花瓷器[EB/OL].(2008-01-07). http://gj.yuanlin.com/Html/Detail/2008-1/4844.html.

图3.8 郑州唐代步打球青花塔式罐

开封作为北宋都城，球类活动开展得也较为普及，文献多有记载。《宋史》记载："打球，本军中戏。太宗令有司详定其仪。"在重要的典礼活动中还经常举行马球比赛。《宋史》记载了北宋皇帝与群臣击球娱乐的情形。每年三月在汴京皇宫中举行大型的马球活动。马球场地东西各设置装饰华丽的球门，活动时还有鼓乐。开始由皇帝击球，之后才由大臣们竞技，而参加活动的各级官员众多，双方穿着不同颜色的服装，以活动中得筹数量的多少来区分胜负。

孟元老在《东京梦华录》中描述了开封金明池宝津楼前的马球表演："人人乘骑精熟，驰骤如神，雅态轻盈，妍姿绰约，人间但见其图画矣。"宋代王珪《宫词》诗中描述了北宋汴梁宫廷女子打马球的情形："内苑宫人学打球，青丝飞控紫骅骝，朝朝结束防宣唤，一样珍珠络辔头。"

此外，北宋宫廷教坊中的女弟子队中还有打球乐队，她们"衣四色窄绣罗襦，系银带，裹顺风脚簇花袱头，执球杖"，用马球的器具表演相关的舞蹈。当时许多的官员都喜欢马球。如大臣郭从义"善击球，尝侍太祖于便殿，命击之。从义易衣跨驴，驰骤殿庭，周旋击拂，曲尽其妙，既罢，上赐坐，谓之曰：卿技固精矣，然非将相所为。从义大惭"。

唐代后期，汴州（河南开封）就有球场，节度使李绅就曾在这里犒赏勇士。而唐末汴州藩镇朱温侄子朱友伦也喜欢马球，甚至因此意外坠马而亡。

宋州（河南商丘）也有马球场，名将李光颜就曾在宋州与敕使打球。唐后期诗人张祜《观宋州田大夫打球》诗描写了在宋州观看名将田神功打球的情景："白马顿红缨，梢球紫袖轻。晓冰蹄下裂，寒瓦杖头鸣。叉手胶粘去，分鬃线道絣。自言无战伐，髀肉已曾生。"

李金梅根据江苏徐州附近的睢宁以北巨山古墓穴出土的六块东汉墓葬打马球画像砖(图3.9),证明自东汉时期,徐州区域就流行马球运动。[①] 唐代马球运动在徐州更为流行。唐代著名文学家韩愈的诗歌《汴泗交流赠张仆射》记载:"汴泗交流郡城角,筑场千步平如削。短垣三面缭逶迤,击鼓腾腾树赤旗。"说明在徐州城外汴水和泗水的汇合处,筑有一个马球场,场地的面积有千步之阔,地面平整,犹如刀削的一般。场地有一面濒临汴河与泗河合流处的河水,其余三面则有矮墙环绕包围着,清晰地将马球场的形势勾勒出来。

图3.9　江苏睢宁东汉打马球画像砖

上述隋唐大运河沿岸城市马球、步打球等球类活动开展频繁,为捶丸运动在这些城市的普及奠定了坚实的基础。

(三)捶丸运动的便宜性和健身性

捶丸运动对地形土质类型等适应性较强,不同地形地势条件下,都能建设捶丸场地,开展捶丸运动。所以,隋唐大运河沿岸同样适合建设不同类型的捶丸运动场。《因地章》记载:"地形有平者,有凸者,有凹者,有峻者,有仰者,有阻者,有妨者,有迎者,有里者,有外者(诸形绝无曰平,龟背曰凸,中低曰凹,势颇曰峻,之上曰仰,前隔曰阻,后碍曰妨,可反曰迎,左高曰里,右高曰外)。"捶丸场地利用的是自然地形,挖掘几个球窝便可以成为球场,因为没有经过平整,所以场上有许多不同的地貌。而捶丸运动的目标,就是要根据不同地形使用不同打法,击球进窝取胜。

《择利章》载:"土有坚者,有垒者,有燥者,有湿者,地之形也。"针对不同的场地土质类型和场地干湿程度,"坚者损之,土硬毬难止,力大则远,故减力而击之。垒者益之,土松毬难行,故加力击之。燥者、湿者,随形处之。观土燥湿,随地宜而击……因地之利,制胜之道也。得地利之宜,亦取胜之一端也。"捶丸竞技时,要充分利用地质,选取有利的打法。

捶丸运动的健身性为当时人们所认识,捶丸运动的目的"惟在和血脉,养性情,

[①] 李金梅.中国古代马球源流新考[J].敦煌学辑刊,2014(1):104.

涤烦襟,消饮食而已""有时有节,则身安而志逸""得其时,则心平气和,志自乐矣"。可见,捶丸运动的修身养性功能已上升到理论高度。这正是捶丸运动在隋唐大运河城市流行的思想基础。

宿州、淮北等运河城市近年来发掘的绞胎球体育文化遗产具有重要的历史文化价值,它为我们展现了隋唐大运河曾经繁华的古代体育文化景观。高雅的捶丸运动需要雄厚的经济支撑和球类文化基础。隋唐大运河不仅是唐宋王朝黄金经济带,更是一条文化带。概言之,隋唐大运河城市经济发达,文化交流频繁,文化发达,捶丸等古代体育活动开展频繁,捶丸活动是隋唐运河城市繁华的历史表征。

第三节 大运河安徽段区域资源型城市转型与体育文化发展

"生态体育空间"是以人类-体育-环境的相互协调、共生共融、共同发展为原则所构建的能动结构,是限制并产生与人的体育行为的一种结构或体系。它包含两层含义:一是"体育生态空间",即体育系统内生态文明对体育可持续发展的要求;二是"生态体育空间",即体育系统和其他行业融通发展,对生态文明具有积极促进功能。以"生态体育空间"探究生态文明对体育可持续发展的要求,以及体育促进生态文明建设的机制,充实体育地理学理论基础。

党的十八大以来,中央将生态文明建设纳入"五位一体"总体布局,明确提出把生态文明建设放在突出地位,融入经济建设、政治建设、文化建设、社会建设的各方面和全过程,努力建设美丽中国,实现中华民族永续发展。淮河流域生态脆弱,一直为党和国家政府所重视。2018年10月18日,《淮河生态经济带发展规划》获国务院批复。规划提出积极发展"体育健康"等业态融合发展。2019年2月1日,中共中央办公厅下发《大运河文化保护传承利用规划纲要》,对大运河文化带建设做出了全面安排和部署。运河流域资源型城市生态体育空间重构研究有助于"两带"建设,促进运河流域生态文明。

一、大运河安徽段的生态空间演变及其典型性

(一)人地关系与大运河安徽段区域生态环境变迁

人地关系既是一个哲学问题,也是社会学、历史学等学科的重要理论,更是体

育地理学的核心理论之一。所谓"人"就是会制造工具,通过劳动改造自然环境和社会环境的个体。"人"是复杂的人,不仅具有自然属性,而且具有社会属性,不仅指人类个体,也包含由人组成的人类社会及其文化系统;所谓"地"主要是指人类改造的自然环境,包括土地、矿产、水文、气候等自然环境,也包含社会环境因素。

大运河安徽段区域在宋代以前是我国重要的农业产地和经济文化中心之一,淮河水质清幽,水利工程开发早,农业生产发达,经济文化水平高,但是黄河泛淮给淮河流域经济社会发展造成了极大影响。黄河泛淮是一次重大的人为自然灾害,公元1128年,南宋官员杜充为了防止金兵南下,人为地掘开黄河大堤,致使黄河改道,黄河结束北流和东流并存时期,开始"夺泗入淮"。黄河改道给大运河安徽段带来了深重的灾难,是大运河安徽段政治、经济、文化发展的重要转折点。大运河安徽段在改道前曾经是中国最发达的经济文化中心,改道后,淮河自然灾害加剧,给当地经济文化发展等方面带来不利影响。

淮河水质清幽,水利工程开发早,农业生产发达,经济文化水平高,但是黄河泛淮对淮河流域经济社会发展造成极大破坏。

(二)大运河安徽段资源型城市面临的发展困境

2013年国务院正式颁布《全国资源型城市可持续发展规划(2013—2020年)》,首次界定了全国262个资源型城市。大运河安徽段区域的宿州市、淮北市、亳州市等城市都在其中。

淮北市是安徽一座重要的资源型城市,安徽省的焦煤资源主要分布在淮北矿区。淮北矿区是全国重点建设的14个亿吨级煤炭生产基地之一的两淮基地的重要组成部分,其储量占比85%以上为焦煤、肥煤和瘦煤,为国家稀缺煤种。淮北市为国家建设与发展提供了超过10亿吨的煤炭支持,为国家的经济建设作出了重要贡献。

淮北市的资源型支柱产业主要有"煤炭开采和洗选业"的烟煤和无烟煤开采洗选、"黑色金属矿采选业"的铁矿采选、"有色金属矿采选业"的铜矿采选和"非金属矿采选业"的黏土及其他土砂石开采4大类。2000~2018年,淮北市的工业总产值由2000年的81.8亿元上升到2016年的1825.94亿元,达到历史的最高点。但是2016年之后开始下降,直至2018年的1441.76亿元。淮北市的工业总产值呈现出先上升后下降的倒"U"形发展态势。从淮北市工业产业结构演变特征来看,淮北市"采矿业"在工业产业结构中的占比在2005年达到最高点61.6%,采矿业成为城市发展的支柱产业,淮北市是典型的资源型城市。但是,随着时间的推移,采矿业因资源衰竭而衰落,工业的总产值也迅速下降。截至2018年,淮北市采矿业占比仍然高达25.26%,虽然制造业占比有所上升,但更多是由于采矿业的绝对下降而相对提升。因此,淮北市仍然没有从资源型城市转型走出来。

宿州市矿产资源比较丰富,已发现的矿产有28种,其中已探明一定储量的有17种,现已开发利用的有11种,矿产资源保有储量大。宿州市的采矿业以"煤炭开采和洗选业""黑色金属矿采选业""非金属矿采选业"为主。宿州市工业增加值稳步缓慢上升,而工业化率逐年下降,从2013年的37.12%下降至2019年的25.95%。同时,在宿州市三次产业结构中,第一产业和第二产业比例逐年下降,第三产业逐渐成为主导产业。①

大运河安徽段资源型城市面临"矿竭城衰"、经济萎缩、财政收入减少、失业压力增大等诸多挑战。从淮北、宿州两市产业转型的情况来看,二者进度并不一致,但是都面临绿色转型发展问题,体育产业具有污染小、产业关联性强、劳动就业大等特点,是资源型城市转型发展的重要文化资源。

(三)大运河安徽段区域体育产业概况

大运河安徽段体育发展基础较好,体育产业发展具有较大潜力。"十三五"期间,淮北市不断加大体育场馆设施建设力度,一批新的大型体育场馆相继建成。统计数据显示,截至2019年底,全市人均体育场地面积达1.84平方米,比"十二五"末增加了0.18平方米。"十三五"期间,淮北市充分发挥各级政府和社会力量,利用元旦、春节、全民健身日等时机,广泛开展各类全民健身活动,努力打造"一市多品,一县(区)一品"全民健身活动品牌。一年一度的元旦长跑已成传统,每年吸引广大企事业单位、政府部门、学校、部队等社会各界人士参加;淮北国际半程马拉松赛于2018年、2019年连续两年成功举办,并于2019年获"中国田协铜牌赛事",已成为崭新的城市名片;杜集区南山迷你马拉松、相山区全民健身休闲季、烈山区农民篮球赛、烈山区环华家湖自行车赛已逐渐发展为各具特色的群众体育品牌赛事。②

淮北市国民经济统计公报显示,2021年,淮北市参加体育活动总人数达30万人次。全年举办全民健身活动70次,其中1000人以上活动5次,组织开展安徽省足球、篮球、乒乓球、羽毛球、广场舞三级业余联赛淮北市选拔赛,第五届"盛大杯"淮海经济区青少年足球精英赛,淮北市中老年人(广场舞、体育舞蹈、健身球、柔力球)网络交流赛,水上飞人中国杯中国动力冲浪板挑战赛暨首届乾隆湖水上嘉年华活动等大型群体活动。

淮北市在"体育强市"规划中提出要优化体育产业布局,强化规划引领,推动以高端体育赛事活动、体育用品销售制造和体育旅游为重点的体育产业发展;打造现代体育产业体系,大力开展"双招双引",在体育装备制造、竞赛表演、健身休闲等领

---

① 范金梅.安徽省资源型城市转型效率研究[D].淮南:安徽理工大学,2021:16.
② 安徽省体育局.回眸"十三五",安徽淮北体育交出靓丽"答卷"[DB/OL].(2020-12-31).
https://www.sport.gov.cn/n14471/n14483/n14520/c975068/content.html.

域培育一批"专精特新"企业;促进体育消费升级,加快推动以社保卡为载体的居民服务"一卡通"在体育公共服务领域中的应用,丰富体育消费产品,争创国家体育消费试点(示范)城市。优化营商环境,深化体育领域"放管服"改革,全面推进体育标准化建设。相山区濉河体育公园、杜集区南山体育公园成功申报2021年体育强省资金支持项目,争取资金300万元。规划建设烈山球类产业园,加快推动沃盛体育、泰润体育、明启体育、海众体育等球类生产企业落地和生产,2021年共签约体育产业类项目4个,总投资达1.3亿元。以品牌体育赛事培育为依托,承办安徽省青少年柔道锦标赛暨U系列比赛、第五届"盛大杯"淮海经济区青少年足球精英赛等高水平赛事,不断助推体育产业新发展。[①]

宿州市强化统筹,将发展体育产业、促进体育消费纳入国民经济和社会发展规划,建立体育产业联席会议制度,编制《宿州市关于加快发展健身休闲产业的实施意见》。扩大提升体育产业总规模和增加值,2017年该市生产总值1503.9亿元,体育产业总规模35.27亿元,占全市GDP的2.35%;体育产业增加值7.26亿元,占全市GDP的0.05%。加强体育产业品牌建设。与安徽省共建砀山梨都马术运动特色小镇,定期举办马术赛事,形成一定的市场影响力。建成宿州大道体育休闲公园,被省体育局命名为省首批体育生态公园;推动在建体育休闲公园3个,计划2019年申报省级体育生态公园。积极发展体育旅游,充分利用皇藏峪景区、灵璧磐云山国家地质公园、泗县石龙湖湿地风景区、砀山县万亩酥梨园和埇桥区五柳风景名胜区,开发登山、攀岩、垂钓、骑行、自驾游等运动和旅游项目。组织市场化品牌赛事活动,成功举办宿州国际网球公开赛、砀山国际马术耐力赛、砀山县梨花节国际半程马拉松赛。[②]

二、大运河安徽段区域资源型城市体育生态空间建设

(一)废弃空间体育化改造

近年来,运河流域资源型城市加大惠民体育建设,充分利用废弃厂矿、仓库、厂房等进行体育化改造,为民众健身提供新的健身场所。例如淮北市拓美游泳中心由下岗职工张赟等,经过近一年的筹划和装修,将淮北矿业集团总仓库内一处废旧厂房和仓库改造而成。筹备期间,得到淮北市文化旅游体育委员会和淮北矿业集

---

① 淮北市人民政府.关于加快发展健身休闲产业的实施意见[EB/OL].(2022-01-04).https://hbxxgk.huaibei.gov.cn/public/15/61505951.html.

② 宿州市人民政府.关于加快发展健身休闲产业的实施意见[EB/OL].(2019-11-28).https://www.ahsz.gov.cn/zwgk/ztzl/szgb/szfbgswj/191187671.html.

团的大力支持。该游泳中心场馆面积约为2000余平方米,兼有成人标准短池、儿童教学训练专用泳池和整套健身器材,池水采用先进的循环过滤和消毒净化系统,室内和池水四季恒温,集游泳健身、教学训练、休闲娱乐等功能于一体。

(二)民生体育的推进

运河流域地方政府推动"放管服"改革,落实"以人为本"的理念,构建体育公共服务体系,打造民生体育。如淮北市政府对朱庄矿、双龙矿、杨庄矿等6对矿井开采形成的沉陷区深挖造湖,建设绿金湖、南湖、东湖、乾隆湖等一批集地质景观、生态、休闲、亲水等特色于一体的城市湿地公园。其中,南湖累计投入治理资金4亿多元,治理连片塌陷水面4.6平方千米,形成2.1平方千米的国家级城市湿地公园。环南湖健身步道长达7.5千米,是市民健身的好去处。为在"十三五"期间市区达到"15分钟健身圈",在各方的努力下,宿州市新汴河景区体育休闲公园建成并投入使用,该体育公园的建成为市民健身提供了一个非常好的健身场所。位于沱河东岸埇桥区乐湖体育休闲公园已于2020年9月份对市民开放,该体育公园设有足球、篮球、乒乓球、羽毛球、健身器材等设施,公园的建成使用,优化了各园区及城市新扩展的区域健身场地布局,满足了市民就近、就便健身的需求。

(三)生态办赛

2018年淮北市举办首届南湖龙舟赛(图3.10),来自全市的12支龙舟代表队南湖竞技,一决高下,为治理后的南湖平添几分生机和活力,体育元素渗入优美的南湖景观,成为市民的好去处。

图3.10　2018年端午节南湖龙舟赛

宿州市砀山县马术特色小镇位于砀城镇黄河故道两岸,规划面积3.38平方千米,聚焦旅游休闲、体育健身等文旅体类产业。砀山县创建马术特色小镇有着得天独厚的优势。黄河故道两岸沉积的沙质土地,是马术比赛的天然场地,被评为全国"十大黄金赛道"之一。目前,砀山县已在此连续举办了七届国际马术耐力赛,吸引了来自美国、瑞士、马来西亚、法国、西班牙、葡萄牙和意大利等10多个国家的骑手参赛,观赛人数累计超过50万人次。宿州也是截至目前全国唯一举办过国际马联三星级马术耐力赛的城市,"砀山马术"已成为宿州乃至安徽的一张"特色名片"。近年来,砀山县聚焦自身独特的生态资源优势,探索形成"生态旅游+休闲运动"的发展模式,依托一年一度的砀山梨花节和采梨节,创新将国际马术耐力赛引入砀山,在近百里黄河故道两侧打造国际顶级马术耐力赛道,成功举办国际三星级马术耐力赛,积极创建"马术特色小镇",做大做强马术新兴"朝阳产业",力争将砀山建设成为"国际马术名城"和"马术耐力赛之都",促进了生态旅游和休闲体育产业快速发展。[①]

三、运河流域资源型城市生态体育空间建设

(一)促进城市转型发展

体育产业以其天然传播力、文化辐射力、高附加值等特点,能够促进城市产业、文化、形象转型,能反哺城市体育制造产业集群发展,具有创造更多就业岗位、提升城市美誉度等作用。[②]

体育产业对促进资源型城市转型发展具有重要作用,例如,2017年央视以《相山:来之不易的绿水青山》专题栏目,报道以煤兴市的淮北市荒山变绿州的绿色奇迹,生动诠释了淮北市政府提出的"中国碳谷·绿金淮北"号召。淮北市政府十分重视体育促进生态文明的作用,提出到2025年,全市体育产业总规模达到100亿元左右,确保经常参加体育锻炼的人数达到110万,人均体育场地面积达到2平方米,体育公共服务基本实现全覆盖。

(二)促进城市就业工作

体育产业拉动社会就业的力度是很明显的。1997年,美国仅职业体育领域内商业企业的总数已达到34401家,吸纳就业人数达82.82万人。目前,美国体育产业的产值已达到美国国内生产总值的11%。近年来,国内体育产业快速发展。

---

① 宿州市人民政府.砀山马术小镇创建"省级特色小镇"[EB/OL]. (2020-11-03). https://www.ahsz.gov.cn/zwzx/xqyq/189693121.html.

② 宋振镇,邢尊明,张剑珍.体育文化产业在城市转型中的作用[J].体育科学研究,2010,14(4):17-21.

2015年8月,在山东青岛莱西市举行的世界休闲体育大会就是政府组织的、旨在创新引领现代产业体系、促进劳动就业的重要活动。该活动对青岛市高新项目的创新、旅游业的拓展、劳动就业将起到孵化和积极的助推作用。

为大力推进镇村旅游业的发展,带动村民及贫困户就近就业。2018年11月,淮北市濉溪县文旅体委会同刘桥镇在党群服务中心培训室召开乡村旅游培训会议。培训会议结合刘桥镇区位优势打造体育小镇、体育公园等现有旅游资源重点,详细讲解了乡村旅游发展的基本模式。体育在精准扶贫和增强贫困户"自我造血"能力等方面,起到重要作用。

(三)促进城市文旅融合

体育产业和文旅产业融合发展,促进城市转型发展。大运河安徽段区域古代文明发展早,历史时期体育历史文化资源丰富。运河体育文化契合当代人休闲的时代需求,是构建生态体育空间的重要资源。

淮北市以大运河国家文化公园建设为契机,推进柳孜遗址大运河国家文化公园建设,实施隋唐大运河柳孜遗址、明清酿酒作坊遗址、烈山窑遗址考古发掘和保护,开展淮北市博物馆展陈提升、临涣古镇和濉溪古城修复改造等工程,打响"千年运河,水韵淮北"金字招牌。淮北市文旅项目柳孜文化园和隋唐运河古镇项目已建成并运营,成为大运河安徽段旅游景点。柳孜文化园位于百善镇柳孜村泗永公路旁,以柳孜运河遗址核心保护区为范围,以运河文化内涵、生态景观设置为依托,文化园一期占地40万平方米,投资1.6亿元,历经两年多的建设,已建成四季花海、生态园林、特色采摘园、水上乐园、商品街等重要景点,二期近70万平方米马鞭草花海初具规模。隋唐运河古镇毗邻淮北南湖生态湿地公园,环境资源丰富,建筑规划面积可达到60万平方米,总投资额度约有25亿元,这里的景点主要由月老神庙、五凤三阁、元辰殿等景区组成,为游客呈现丰富的运河古镇文化。

宿州市人民政府围绕运河文化品牌,着力打造一批运河主体文旅项目。安徽省宿州市"隋唐大运河(泗县段)国家文化公园项目"位于泗县新濉河和古汴河的交界处,总投资50000万元,规划总占地面积8.35平方千米,已于2021年、2022年获得中央预算内投资共计8000万元支持。该项目主要建设内容包括泗县运河生态长廊、森林公园、游客服务中心、生态悠闲步道、文旅标识系统、垃圾收储、生态绿化、供排水及关联水系治理贯通等设施。2021年7月,该项目作为泗县重点项目正式开工建设,当年完成投资4400万元,建设完成规划区域内的主要交通路网、水电设施、水系环境治理等内容;2022年底完成项目投资22000万元,推进生态长廊、森林公园等建设,目前该项目正在进行生态长廊树木种植及绿化工作,预计2023年底全面完工。

四、大运河安徽段区域资源性城市转型发展的建议

大运河安徽段区域城市生态体育空间重构中存在一些制约因素。如区域内行政体制条块分割,协作性不够;生态文明建设没有真正深入落实到体育建设中,体育发展质量不够,没有充分发挥对生态文明建设的作用和功能等。所以,必须结合城市生态体育空间重构的要求,积极发挥体育助力大运河安徽段区域生态经济带建设的作用。

(一) 推动淮河流域区域协同发展

要重视整体性,着眼于国家大区域发展战略,把生态体育空间建设纳入国家整体经济发展战略。要顺应"一带一路"战略,推动体育文化交流。政府应从融入"一带一路"战略的角度出发,从体育产业和体育事业发展的视角,构建大运河安徽段区域城市生态体育空间重构体系。同时,重视和徐州等淮海文化圈城市的区域协同发展问题。

(二) 塑造体育遗产旅游品牌

体育旅游是大运河安徽段区域生态体育空间重构的重要业态。针对皖北地区品牌体育旅游资源匮乏的现状,要高起点规划具有特色的生态体育旅游景点,如淮北隋唐运河古镇是由安徽省旅游集团和安兴发展有限公司共同投资的,总投资约20亿元。整个项目将打造成以文化为底蕴、以运河为核心、以古镇(城)为特色的大型文化旅游商业综合体,对于充分挖掘淮北市隋唐大运河文化资源和历史价值,打造城市文化旅游新名片,促进城市产业转型升级具有重要意义。此外,还要注重整合区域内体育遗产旅游资源,建造完善的体育设施,开展丰富多样的以运河为中心的体育项目,形成区域性生态体育旅游空间集聚区。

(三) 建立创新驱动保障机制

营造运动休闲城市双轮驱动保障机制是推动生态体育空间重要的途径。具体来说,要以资源、市场、制度、人才、技术、保险及文化包容精神为载体,这七大载体是循环传导的联动关系,驱动淮河流域运动休闲城市建设,达到创新力发挥和禀赋最大化。

(四) 提升区域体育公共服务水平

大运河安徽段区域城市生态体育空间竞争力是经济主体通过占有具有比较优

势的体育资源,借助一定的公共服务和体育设施,将其转化为具有竞争优势的生态体育品牌,以此获得较高收益的能力。重视人本、低碳的绿色理念,树立可持续发展理念,开拓国内、国际市场,塑造城市良好形象,实现产业转型。

(五)建立生态体育空间价值评估体系

大运河安徽段区域城市生态体育资源具有脆弱性、不稳定性和复杂性的特点。运河体育遗产的利用,要充分重视原真性的保护,在此基础上,进行文化创意,进行深度体育资源开发。基于相关法规和大运河安徽段区域生态体育旅游现状,理顺生态体育产权关系,做好生态体育资源价值评估,推动运河生态体育资源管理准市场机制,最终建立评估账户体系,即从财务、资源、环境保护、社会、顾客、内部业务流程等方面建立大运河安徽段区域城市体育空间价值评估体系。

第四章　大运河安徽段区域体育文化发展战略研究

第一节　大运河安徽段区域体育产业发展战略研究

目前,中国经济地理空间格局发生重大变化,对体育产业产生重大影响。由此,研判中国经济地理格局分布及其趋势,具有重大理论和现实意义。本节在运用文献资料、逻辑分析等方法的基础上,以新经济地理学理论审视我国体育产业地理空间变迁及其未来发展趋势,并针对体育产业空间布局的局限,提出大运河安徽段区域体育产业发展战略。

一、我国体育产业地理空间格局变迁

(一)我国经济空间及城市体系变迁

党的十一届三中全会是具有深远意义的伟大转折。1979年,深圳、珠海等城市试办经济特区,从此揭开中国经济空间格局的新篇章。1980~2004年,深圳经济增速一直保持在28%左右,2004年深圳GDP达3442亿元,人均GDP 5.9万元,人均可支配收入2.76万元,居国内大中城市首位。[①]以深圳为突破口,20世纪80年代,我国形成较为完善的沿海经济开放带。1992年,经济开放格局沿江、沿边向内地推进,我国全方位对外开放格局形成,综合国力大增。伴随改革开放,人口流动增加,20世纪80年代农民工群体形成并涌向东部沿海城市,加大了东部与中西部的经济差距,经济空间不均衡加剧。

1979~1991年是我国城市化的探索阶段。这一时期我国城市数量由1979年的203座增加到1991年的479座,城市化率由1979年的18.96%上升到1991年的26.94%;1992~2012年是我国城市化的发展阶段,城市数量由1992年的517座增

---

① 赵奎礼.解读经济空间[M].沈阳:沈阳出版社,2009:166.

加到2012年的663座,城市化率由27.46%上升到2012年的51.3%。① 2015年,国家统计局公布的数据显示,我国城镇化率达到56.10%。我国城市体系的形成和经济体制改革、交通体系的变迁是分不开的,尤以交通体系影响最大。城市化不断发展演化,基本是沿江、沿海、沿交通线进展的,进而形成"两横三纵"的城市体系。

(二)我国体育产业地理空间格局变化

改革开放带动体育事业全面发展,群众体育蓬勃发展,竞技体育水平快速提高,体育产业开始起步发展。

经济空间和城市体系的地理格局变迁制约着中国体育产业地理格局分布,东部和中西部差距扩大。2006年,我国东部、中部和西部地区体育产业平均增加值分别为144.13亿元、9.42亿元和4.50亿元,区域间比例为32:2:1。东部、中部和西部体育相关行业数量分别为1021、472和260,区域间比例为3.9:1.9:1。东部区域优势非常明显。②

伴随经济发展和城市体系形成,我国体育产业快速发展。20世纪90年代以来,在经济发展和城镇化的大潮中,体育产业发展迅猛。数据显示,根据2018年1月统计局核算,2016年我国体育产业总规模(总产出)达1.9万亿元,实现增加值6475亿元,占同期国内生产总值的比重达到0.9%。从名义增长来看,体育产业总产出比2015年增长11.1%,增加值增长17.8%。此外,体育产业还能为社会提供更多的就业机会,调整产业结构,进行人力资本投资,拉动关联产业发展。体育产业发展的社会效益还体现在促进人类健康,改善人类生活方式和提高生活质量,促进社会稳定等方面。

20世纪90年代以来,伴随体育产业快速发展,体育产业集群化特征明显。福建省晋江市体育用品业年产值278亿元,全市体育用品上市企业3000多家,从业人员24万余人,产品畅销全球150多个国家和地区,其中运动鞋、旅游鞋的产量占世界总产量的20%,拥有安踏、361°、舒华等国家级品牌37个,拥有安踏体育等多家体育用品企业。③

---

① 刘慧梅.城市化与运动休闲[M].杭州:浙江大学出版社,2014:46.
② 姜同仁,侯晋龙,刘娜.中国体育产业发展方式转变的3大结构障碍与战略调整[J].天津体育学院学报,2012(6):475.
③ 王子朴.体育经济热点问题研究[M].北京:高等教育出版社,2012:61.

二、我国体育产业地理空间分布趋势特征

（一）我国经济空间及城市体系的新地理分布格局

经济空间和城市体系是影响体育产业地理空间合理分布的重要前提和动力条件，我国经济空间呈现"东中一体、外围倾斜"的新格局。从人口分布来看，东部和中部是第一聚类，是中国经济的中心，一体化趋势明显；东北和西部是第二聚类，是中国经济的外围，向成渝、关中、辽中南等城市群倾斜。东经110°线附近成为中国经济中心和外围的主要分界线。

我国城市体系呈现"一团五线、开发互联"的新布局。"一团"是指东中部"五横五纵"的群网状城市体系聚合；"五线"是指东北和西部的城市群延伸出"五线"，形成开放互联的发展格局。未来20年，这一城市体系将覆盖32个城市群、近1000个城市、近20000个小城镇，形成协调发展的中国城市格局。

中国经济空间和城市体系的这一新格局表明，未来，随着西部人居环境改善、政策扶持等因素，中国经济空间有可能突破"胡焕庸线"，实现均衡发展。因为交通运输的快速发展，我国"以点带面""以线带面"的发展模式，向"以网带面"的发展模式转变。中国经济空间和城市体系新格局的形成是历史演化的必然，在诸多影响因素中，以交通运输快速化、网络化最为重要。[①]

（二）我国体育产业地理空间分布趋势特征

我国体育产业主要集中在北京、上海等直辖市，以及沿海经济发达地区和大中城市，晋江市是体育产业集群化的集中体现。根据2011年中国内地举办的1481项赛事进行分析，东部地区经济发达、场馆条件好、市场规模大，举办了占全国62.26%的赛事。举办赛事数量上，东中部城市广州、苏州、杭州、北京、南京、武汉、深圳等名列前茅，体现了经济空间"东中一体"，而成都、哈尔滨也在前列，外围倾斜的趋势凸显。

城市化是体育产业发展的重要动力，"一团五线、开发互联"的城市体系加快了体育产业发展，促进体育产业合理分布。中国经济空间和城市体系新格局将实现体育产业更加均衡发展。仍以2011年运动赛事数量分布来看，西部西藏、青海、甘肃、宁夏和新疆等省份举办的赛事较少，但四川、内蒙古和重庆举办的赛事较多，甚至超过部分中部省份。[②] 值得关注的是，在中国具有广泛影响力、蓬勃开展的CBA

---

① 倪鹏飞. 重塑中国经济地理新空间[N]. 光明日报，2015-06-17(15).
② 阮伟. 体育产业发展报告(2014)[M]. 北京：社会科学文献出版社，2014：39.

赛事中,新疆队近几个赛季成绩突出,而四川金强队更是赢得2015~2016赛季总冠军,从一个侧面反映了未来西部体育产业良好的发展态势。

在中心-外围格局模式和交通体系的地理收缩效应、线带效应、网络效应以及城市体系的断裂效应作用下,中国体育产业将实现更加均衡的发展。这不仅是近代以来历史发展的趋势使然,也是当前经济地理格局变化和国家战略调整的需要。

三、我国体育产业地理空间格局分布存在的制约因素

(一)行政体制僵化,体育市场要素流动不充分

政府职能转变将是推动体育产业政策改革、促进体育产业发展的关键。在政府职能还未根本改变、体育市场要素流动不充分的现状下,中国体育产业空间战略存在一些不足,如东部先行、西部开发、中部崛起、东北振兴四大战略下的体育产业分布彼此分割,未能实现互联互通。因此,必须摆脱路径依赖的不利影响,主动寻求自上而下的体制改革。进一步简政放权,减少微观事务的管理。大力发展体育市场经济,充分发挥市场经济的主导作用。充分发挥市场的体育资源配置优化作用,破除行业壁垒,扫清政策障碍,吸引社会资本,丰富市场供给,解决群众体育设施严重短缺、体育产业经济拉动作用不大、产业链条延伸度不足等问题。

(二)快速城市化,体育地域性特色保护不够

快速城市化虽然带动体育产业的高速增长,但必须清醒地认识到城市化会消弭体育产业的地域化特征,不利于区域体育产业的发展和民族体育传承。"两横三纵"的城镇化发展战略,是全国统一的以线带面,未能充分考虑体育区域差异,实现体育差异化发展,导致"千城一面"的体育面貌。快速城镇化还导致民族传统体育传承受困。据天津市武术协会统计,作为近代武术重镇的天津,20世纪80年代流行拳种有少林拳、八极拳、形意拳、八卦掌、通背拳、太祖拳、迷踪拳等22个,但到2006年再次统计,20年间减少了7个流派,蛇形、燕青等拳法已经失传,流失速度十分惊人。

(三)体育产业集群效应明显,辐射扩散效应不足

我国体育产业已经初具规模,集群化趋势明显,如河南的武术产业,福建的体育用品制造业,广东的运动服产业,浙江的体育器材产业基地等。但必须看到体育产业基地带动作用不足,辐射影响力有限等不利于体育产业发展的局限性。体育增长极战略极化效应明显,但带动不足,未能发挥网络效应带动区域整体发展。未

来要推动长江三角洲、珠江三角洲、京津冀地区为中心的体育产业经济圈转型升级,以长江经济带、一带一路、京津冀经济圈等国家战略为依托,形成地区协调发展的互补格局。

四、大运河安徽段区域体育产业发展战略

(一)顺应我国调整体育产业空间战略布局

调整体育空间布局,东部和中部形成以市场主导为发展模式的体育自主发展区,促进东部和中部体育产业一体化;东北、西部形成以政策干预和市场运作相结合为发展模式的政策扶持区。以城市体系网络化带动体育产业合理布局,以高铁网络建设、移动信息技术的进步,不断推进城镇体系网络化,推进"一团五线"的城市体系发展战略,把东部体育产业基地有序向中部推进,构建东部和中部体育产业一体化建设,实现体育合理布局。大运河安徽段区域要主动融入长三角体育产业发展圈,促进体育产业发展。

(二)东中一体,群网带面

大力推进城乡体育公共服务一体化,推动体育基础设施、体育公共服务均等化,体育市场、体育要素、体育产业等一体化为核心内容的战略。积极支持群众健身消费,构建15分钟健身圈等。安徽省作为中部省份,体育产业发展迅速,自2008年以来,增幅年平均达到50%以上,2013年,体育企业达1010家,从业人员33320人,总税收额达39199万元。[①]2014年,安徽省正式签署加入长三角地区体育产业协作组织协议,按照协议要求,安徽省将与其他成员单位协同合作,努力将长三角区域建成国家体育产业发展的先行区、示范区和引领区。这无疑预示着"东中一体,群网带面"的体育产业发展战略已进入初步实施阶段。大运河安徽段区域应根据自身体育产业优势,顺势而为,加快体育产业发展。

(三)发掘民族体育资源

2014年起中国的对外投资不断增多,2020年达到1.2万亿美元,在未来25年内有望达到3.5万亿美元。[②]从引进外资为主,逐渐演变为资本输出和资本引进并存的状态,这是中国经济社会发展的一个必然趋势,为中国体育文化走出去提供了坚

---

① 高维岭,崔立新,成守允. 安徽省体育与文化产业融合现状及发展对策研究[M]. 合肥:合肥工业大学出版社,2015:30.

② 金立群,林毅夫. "一带一路"引领中国[M]. 北京:中国文史出版社,2015:182.

实的基础。必须顺应"一带一路"战略做好五线沿海沿边互联互通,实施陆海全方位的开放互联战略,加快体育文化交流,推进民族传统体育走出去的国际战略。中国体育文化走出去是为了增强国家软实力,增强软实力的本质在于扩大国家影响力,为国际间综合国力的竞争奠定良好的文化氛围,资本输出为文化输出奠定坚实的基础,使文化输出有了坚强的依托,中国文化才会真正在世界各地生根发芽。中国体育企业既是资本输出的载体,也是文化输出的载体。但中国体育企业目前还以来料加工为主,体育服务业比重偏小,不仅制约国内体育产业发展和体育消费,还制约中国体育资本和文化的输出。

大运河安徽段区域民族体育资源丰厚,要充分挖掘民族传统体育文化资源,打造世界级文化品牌,助推民族传统体育产业发展。

第二节 大运河安徽段区域体育旅游发展战略研究

2014年10月,国务院颁布《关于加快发展体育产业促进体育消费的若干意见》,这是迄今为止促进体育产业发展的最重要的法规,是考量国内外经济社会发展形势,顺应体育产业发展态势,以市场为导向的,统筹体育产业发展的重大举措,必将在体育产业发展史上留下浓墨重彩的一笔,也预示着中国体育产业将迎来黄金十年。

中国体育产业已初步具备"新的经济增长点"的雏形,特别是对吸纳就业人员的积极作用不可低估。2008年,体育及相关产业从业人员317.09万人,实现增加值1554.97亿元,占当年GDP的0.52%;2012年,全国体育及相关产业从业人员375.62万人,实现增加值3135.95亿元,同比增长14.44%,占当年GDP的比重为0.6%。[1]但我国体育产业与西方发达国家的差距还很大,西方发达国家体育及相关产业一般占GDP的4%左右,2012年,美国体育及相关产业占其当年GDP的2.67%,国民经济贡献率是汽车行业的两倍,电影的七倍,在美国十大支柱产业中位列第六位。欧盟体育及相关产业总产值4070亿欧元,占其当年GDP的3.7%。我国人均体育消费不足100元,是欧美的1/30。[2]

安徽体育产业发展势头强劲,规模总量逐步扩大,产业呈现快速增长,产业体系逐步健全,集约发展初成规模。2019年,全省体育产业总产出(总规模)为1186.4

---

[1] 中国体育科学学会体育产业分会.中国体育及相关产业统计[M].北京:人民体育出版社,2011:312.

[2] 鲍明晓.中国体育产业发展报告[M].北京:人民体育出版社,2006.

亿元,增加值为437.6亿元,占当年全省GDP的比重为1.2%。其中,体育制造业总产出和增加值分别为574.0亿元和160.7亿元,占全省体育产业总产出和增加值的比重分别为48.4%和36.7%;体育服务业总产出和增加值分别为576.5亿元和268.7亿元,占全省体育产业总产出和增加值的比重分别为48.6%和61.4%。[①]

安徽省体育旅游业近几年也呈现快速发展的趋势。以休闲养生为主题的体育产业园项目方兴未艾,2013年,安徽省旅游指导委员会批复的重大文化旅游项目中就有3项涉及休闲养生,如亳州市的"中华药都养生文化园项目"、六安市的"万佛湖休闲度假村项目"、安庆市的"岳西县国际养生文化产业园项目"等。近年来,安徽省体育旅游精品奖项收获颇丰,2011年4个项目获得体育旅游精品奖;2012年9个项目获得体育旅游精品奖;2013年4个项目获得中国体育旅游十佳精品奖(包括赛事、景区和线路);2014年3个项目获得中国体育旅游十佳精品奖(包括赛事、景区和线路)。亳州市被国家体育总局健身气功管理中心授予"中国五禽戏之乡"称号。芜湖市体育旅游发展情况良好,2013年和2014年先后举办"中国体育文化·体育旅游博览会"(简称"两博会")。2013年"两博会"吸引观众约10万人次,达成11个项目签约,投资总额达到204.22亿元。2014年"两博会"给芜湖带来直接消费8000万元,间接拉动芜湖GDP超过3亿元。

淮北、宿州都面临绿色转型发展问题,在中部崛起战略背景下,两市提出承接长三角经济产业转移等发展思路,将旅游业作为重点产业进行发展。淮北市有相山风景区、隋唐大运河博物馆、四季榴园、南湖风景区、双堆集烈士陵园、临涣文昌宫淮海战役总前委旧址及乾隆湖风景区等18处A级景区,其中4A级景区3处,3A级景区13处,2A级景区2处。拥有口子国际大酒店、凌云宾馆等星级宾馆3家,其中五星级1家,3星级2家。旅行社33家,省级旅游农家乐18家,旅游商品定点企业13家。旅游从业人员4500多人。成功举办石榴文化旅游节、段园葡萄采摘节等节庆活动。2020年,淮北市全年共接待海外游客0.11万人次;接待国内游客1015.8万人次。旅游外汇收入34.3万美元;国内旅游收入62.9亿元。

宿州市有A级景区16个,其中4A级景区4处、3A级景区6处、2A级6处;国家级水利风景区1处(新汴河水利风景区),省级风景名胜区1处(五柳风景区);2星级以上农家乐15个,省级旅游名镇5个,市级以上旅游示范村9个。2020年,宿州市全年入境旅游人数0.35万人次,国内旅游人数1791.7万人次,旅游总收入118.18亿元,其中,国际旅游外汇收入128.82万美元,国内旅游收入118.09亿元。

体育旅游作为旅游和体育产业相互交叉融合形成的新的领域,是以体育资源和旅游资源为基础,吸引人们参与体育旅游活动,并在活动当中得到身心锻炼的一

[①] 安徽省体育局产业处.2019年安徽省体育产业总规模与增加值数据公告[EB/OL].(2021-08-17). http://ah.gov.cn.

种形式,是体育与旅游相融合的一种新型的休闲生活方式,是大有希望的朝阳产业。顺应城市转型,开发富有矿山城市特点的体育旅游,是理性选择。在"大众旅游""全域旅游"的时代,淮北体育旅游蓬勃兴起,依托社团开展户外旅游活动,如榴园新村文化节期间,市民团体徒步到榴园游览,自行车俱乐部开展野外考古等文化游览型旅游等。以体育旅游为主题的淮北体育产业休闲园在建,该产业园的定位是:集全民健身中心、游泳馆、射击馆、商务办公、酒店等设施,融体育、文化、旅游集散、购物、休闲、餐饮、娱乐、交友聚会多功能为一体的综合消费中心。但无论是从体育产业发展的态势,或者和省内其他城市相比较,淮北市体育旅游产业在体育旅游品牌的塑造,体育旅游设施的建设,体育旅游和文化产业的融合等方面,与国内外先进水平还存在不少的差距。

大运河安徽段区域人文地理资源丰富,进行体育旅游开发具有重要的现实意义。

一、关于休闲和体育旅游

(一) 休闲和休闲体育

休闲是从文化环境和物质环境的外在压力中解脱出来的一种相对自由的生活,国外休闲研究已经有一百多年的历史,中国起步较晚,但取得了不少成果。

1. 休闲的概念

最早提出休闲研究的学者是于光远先生,他于1983年提出要在体育竞赛之外加强对游戏等休闲活动的研究。孙承志、季斌、许斗斗等都做了哲学的探讨。

马惠娣从哲学层面对休闲做了研究,指出休闲本身是一种文化,与"闲暇时间"不同。她认为:"'休闲'一词具有多重含义。其一,让身体处于休息的状态,这是从事劳动后进行身心调整的过程,和劳动的再生产以及人的自身存在相联系。它主要体现在人的日常生存必需的时间,例如,吃、喝、拉、撒、睡,从事做家务、个人卫生等活动。其二,闲暇时间,即可随意安排的时间,它的主要特征是'自由自在',不具有强制性和约束性,往往以游戏、娱乐和闲适的状态等形式进行表达。其三,表达一种精神生命存在的状态,它的特征是'心之自由感',心无任何羁绊,这是人类高级的生存状态和生命状态。"[①]

休闲概念和生活方式关系密切,休闲是现代文明社会身心修养的要素,是当代人们舒缓身心的健康生活方式。

---

① 柳伯力. 休闲视角中的体育旅游[M]. 成都:电子科技大学出版社,2007:10.

2. 休闲及休闲体育的多角度探讨

邱亚君的《休闲体育行为发展阶段动机和限制因素研究》(2009)指出休闲正在成为国民日常活动的闲暇行为方式,是一种促使个人选择健康行为,协调人与环境关系,创建人类文明美好未来,实现社会进步的基本途径。石振国的《课程视域中的休闲体育》(2011)揭示出休闲体育的本质及其发展意义,探讨了休闲、休闲教育、休闲体育的内涵问题,从休闲体育的前瞻性聚焦于休闲体育课程的主要内容,把休闲理念融入体育教学实践,从而实现现今社会条件下休闲体育的人本特质。屠强的《休闲体育》(2012)从休闲体育理论到实践,再到服务、沟通和营销,涵盖面较广,具有较强的实用价值。岳冠华《解读休闲体育》(2012)讨论了休闲起源、社会学视阈下的休闲体育、女性休闲体育、休闲体育与人的社会化、社会分层视野下的休闲体育、休闲体育消费、休闲体育发展趋势等。李相如的《透视中国休闲体育》(2012)介绍了休闲与休闲体育、后奥运时期我国休闲体育的新热点、城市居民休闲体育方式选择及其特征、城市职业女性休闲体育态度与行为、城市中年男子参与休闲体育动机、农民工参与休闲体育的现状等内容。楼嘉军的《论休闲与休闲时代》(2013)主要探讨了休闲与城市休闲两个层面的问题。

(二) 体育旅游研究

1. 体育旅游概念的研究

陶宇平的《体育旅游学概论》(2012)探讨了体育旅游的基本概念和体育旅游的主体、客体、媒介体三个基本要素,体育旅游的应用基础,主要强调了体育旅游应用性很强,而且不可预测的因素较多、风险较大,要注意防范和化解,介绍了体育旅游中的登山、攀岩、探洞、游泳、滑雪等项目。

柳伯力认为,体育旅游是人们以旅行为形式,以体育为内容的休闲游玩活动。[①]体育是大众旅游时代的活力元素,丰富了旅游的文化内涵和品质,旅游则为体育发挥休闲作用提供很好的形式。

2. 体育旅游资源的概念

体育旅游资源是一切为人们开展体育和健身活动所提供的身体活动场所、项目和物质环境,是指在自然界或人类社会中能对体育旅游者产生吸引力,诱使人们产生体育旅游行为,并能为旅游业所利用而产生经济、社会、生态效益的诸事物的总称。体育旅游资源从广义上讲是指在自然界或人类社会中凡能对体育旅游者产生经济、社会、生态效益的各种事物与因素的总和;从狭义上讲是指体育旅游的客体,即体育旅游的吸引物和景点景区;体育旅游资源是可供开发体育旅游产品的旅

---

① 柳伯力,夏敏慧,石岩.体育旅游概论[M].北京:人民体育出版社,2013:5.

游资源,包括一切具有旅游吸引潜力的体育事物(含人物)和体育现象。

一些学者对体育旅游现状进行了研究:李勇的《试论发展我国体育旅游的对策》(2004),杨培玉的《21世纪初中国体育旅游开发研究》(2004)等,汪宇明的《广西桂林旅游资源深度开发研究》(2007),段彩丽的《川西体育旅游开发模式及对策研究》(2008),冯长明的《环鄱阳湖区民俗体育旅游研究》(2011),崔正的《内蒙古体育旅游研究》等。闫立亮的《环渤海体育旅游带的构建与大型体育赛事互动的研究》(2010)对山东省环渤海体育旅游带做了SWOT分析,包括环渤海体育旅游带的主题定位、规划和开发三个方面的内容,以及山东省环渤海体育旅游带的可持续发展问题,山东省环渤海体育旅游带与大型体育赛事的互动分析,环渤海体育旅游带的未来发展趋势。余昕的《西部体育旅游与休闲》(2012)指出体育和旅游虽属于两种社会文化现象或人类活动范畴,但两者存在许多共同的或相似的特性。旅游作为一种休闲、消遣与消费活动,主要是满足人们在身体、精神和文化等方面的需求。而体育运动也是人类社会的一种文化现象,其发展也是基于满足人们不断增长的身心享受的需要的基础上的。同时,体育消费也已成为一种社会时尚。

体育旅游研究呈增多趋势,体育旅游资源开发模式及区域体育旅游开发研究成为热点。大运河安徽段区域体育旅游资源丰富,但理论研究滞后,只有几篇旅游研究的论文,而体育旅游方面的研究还未见文。

二、大运河安徽段区域传统体育资源

体育传统资源是指在长期的历史变迁中,形成的和地理社会环境相适应的,以古代体育项目为基础的各种体育物质及非物质文化遗产,以及附着在体育遗产上的物质、制度、精神等所有体育文化的总和。淮北汉代画像石所反映的传统体育文化、隋唐大运河体育文物所反映的隋唐大运河体育文化、明清时期形成的武术等民俗体育项目是淮北地区主要的传统体育资源。大运河安徽段民族传统体育资源概况见表4.1。

表4.1 大运河安徽段民族传统体育资源概况

主要地区	主要民族传统体育资源
淮北	气功、射箭、武术、马术、狩猎、投壶、蹴鞠、捶丸、相扑、六博、象棋、围棋、狮子舞、龙灯、竹马、抖空竹、旱船、高跷、花鼓灯、踢毽子、摔跤角力、打陀螺、滚铁环、大头娃娃、货郎担、竹马锣鼓、二鬼争跤、鼓舞、双头驴、拉水鬼、霸王鞭等

续表

主要地区	主要民族传统体育资源
宿州	气功、射箭、武术、马术、狩猎、投壶、蹴鞠、捶丸、相扑、六博、象棋、围棋、划龙船、旱船、高跷、抬阁、埇桥马戏、打陀螺、摔跤、下四棋、玩石锁、翻石滚、斗鸡(即斗膝)、挤油、跳绳、踢瓦(即跳房子)、拔河、捉迷藏、放风筝、荡秋千、踢毽子、踩高跷、扔沙袋、滚铁环、打弹弓、玩龙灯、玩旱船、比手劲、猫捉老鼠、摸龙尾、挑兵斗游、二鬼打架、竹马灯、狮子舞、花车舞、霸王鞭(类似钱杆舞)、迎轿舞、跑驴、舞龙、马叉、秧歌、蚌舞、独杆轿、莲花落、面具舞落子会、刘二姐赶会、小车舞、钱杆舞、王二娘补缸、独杆轿、老背少、扇子舞、龙舞、二仙摔跤、洞宾借驴、拔河、玩石锁、跳绳、黑驴、老公背老婆、套鼓舞、大鼓钗、腰鼓、猫蝶富贵、跑云灯等
亳州	射箭、武术、五禽戏、晰杨掌、六合八法拳、高跷、龙灯、三斗、肘阁、棒鼓舞、腰鼓、气功、中国象棋、六道方子、跳绳、狮子灯、独杆轿、肘阁、鹏蚌舞、子弟灯(又名高氏方棋)、五道方、四道方等、踢毽、旱船、竹马、小车灯、古灯会、大班会、二仙摔跤、穿心国、龙灯舞、抬阁、狮子、龙灯、杂技、黑驴、小车子、老头老塘打架、三仙舞、一人坐轿一人抬、花鼓灯、九曲黄河阵、轰大炮、歌队、独杆轿、马叉赛、拔河、放焰火、秧打花鼓、八仙庆寿、花棍舞、刘海戏金蟾、八仙庆寿、棒鼓舞、九女扑伞、二仙扳跤、张公背张婆等
阜阳	气功、射箭、武术、狮子舞、竹马、花鼓灯、临泉杂技、扁担戏、铜城火叉火鞭、太和狮子舞、抬阁、插方、下马、拔河、举石锁、举石担、爬绳、爬竿、踢毽子、扔沙袋、比腕力、弹弓、跳房子、放风筝、秋千、滚铁环、挑兵、跳马、抓子、花鼓灯、龙灯舞、会舞、肘哥舞、赶强驴、九莲灯、打五扇、花挑子、斗牛舞、跳皮筋、打陀螺、三仙旱船、老化牛、小黑驴、小车灯、高跷、盘叉、蚌人舞、红灯会、一人坐轿一人抬、十大彩、摔跤、跳绳、叨鸡、跳皮筋、丢包、捉老猫、龙舞、狮舞、轿舞、蝶舞、竹马、花挑、腰鼓、秧歌舞、火叉、火鞭、火伞、打五扇、二仙摔跤、刘海戏金蟾、姜公背姜婆、鹤蚌舞、翠驴、独角虎、独杆轿、野人扑虎、五星会、十二双头马、麒麟舞等
淮南	武术、气功、游泳、举重、摔跤、踢毽子、荡秋千、摔跤、花鼓灯、龙舟、火老虎、马戏灯、六洲棋、藤牌、对马、永京拳风筝、斗膝(鸡)、挤油、象棋六周(斗子)、四路推子、六周、跳方(又称跳方阵、跳房子)、拔河、爬竿、跳绳、打弹弓、跳皮筋、打陀螺、抖空竹(又称"抖嗡")、"地嗡斗"夕、漂漂游、扔沙袋、滚铁环、踩高跷、旱船、跳骆驼、丢手绢、斩龙尾、"挑兵"夕、花鼓灯、藤牌对马、老背少、小车舞、盾牌对马、扑蝶舞、将兵、龙灯、狮子灯、马灯、小车子灯、火老虎、小黑驴、大头和尚戏柳翠、故事灯、彩(采)莲灯、跑驴、盾牌马叉、竹马、抵棍、翻石滚、拔河、举重、打牧球(毛球、木球)、混土棋(推子、斗斜通棋、憋死角棋)、五虎擒羊、抬阁、月寸阁、茌鼓灯、双狮舞等

续表

主要地区	主要民族传统体育资源
蚌埠	气功、玩石锁、龙灯、旱船、小车舞、花挑、河蚌舞、竹马、武术、跑驴、独杆轿、大头娃娃舞、花鼓灯、高跷、秧歌舞、腰鼓舞、连厢舞、高跷、跑驴、大头和尚、老背少、花挑、蝉螂捕蝉、杂技(软、硬功)、玩狮子、举石担、摔跤、河蚌、斗膝、抬阁、打秋千、踢毽子、跳绳、小车、豹子会、滚叉、悠架、摘石榴、莲花碗、太平鼓、火老虎、游泳、划龙舟、斗膝(斗鸡)、跳绳、玩石锁、舞狮、担花挑、拍蝴蝶、打钱杆(打连响)、骑毛驴、河蚌精、醉八仙(八仙舞)、秦桧拉虾、四老爷打面缸、神鬼面具、打铁舞、九连环、淮河花鼓灯、钱杆舞、临北狮子舞等

注：根据画像石等体育文物和地方史志统计制作。

（一）大运河安徽段区域民俗体育资源

大运河安徽段区域民俗体育资源是以传统体育项目为基础开展的体育活动项目，具有强烈的民间性、传统性、休闲性、健身性等文化特征。主要包括各类武术文化资源和历史时期的登高等民俗体育项目，以及当代流行的健身气功、抖空竹等民俗体育项目。大运河安徽段区域体育资源是十分丰富的，某些项目甚至已经形成文化品牌。

1. 武术文化资源

淮北武术之风自古以来颇为盛行，1984年对民间传统武术"挖掘整理"的调查结果显示，当时流传于淮北市区的传统拳械套路达到101种，其中拳术41种。主要流行太极拳、大洪拳、罗汉拳、查拳、叉拳、长拳等拳法，代表人物主要有方端臣、姚金锋、刘大庆、赵敬宣、徐凤权等。淮北武术协会会员表演如图4.1所示。

图4.1 淮北武术协会会员表演

大运河安徽段是武术之乡密布的区域之一。亳州地处中原，民众自古尚武，历史上武学名人辈出。亳州特色的拳种有五禽戏、晰扬掌、六合八法拳等，全国一些主要拳术套路都在亳州生根开花。砀山是西汉文化发源地,刘邦挥剑斩蟒蛇于芒砀山起义,与项梁、项羽拥立楚怀王,被封砀郡长。明清时期广泛流传各种门派拳种,涌现出不少武艺高手。《砀山县志》记载:"砀民勇猛好武,习成风气,豪爽侠义。"20世纪80年代至90年代是砀山县武术大发展时期,据统计当时有300多个村都有自己的"小窝班"(武术拳社)。1981年,砀山县成立全县第一家武术学校,随后在《少林寺》等电影的影响下,全县成立128所武术学校。1992年,砀山县被国家正式命名为"武术之乡"。近年来,砀山县组队参加国家、省举办的各级各类比赛,共获得奖牌204枚,其中,金牌92枚、银牌58枚、铜牌54枚以及各种团体奖项。随着经济的发展,砀山县近年来还大力推行体教融合,推动武术进校园,同时提高砀山县武术队伍质量。2013年,砀山县有武术初级社会指导员200余人,县武术协会人数增加至500多人。

淮北武术当代传承中还出现产业化趋势,为了响应国家"崇军尚武"的号召,带动社会尚武风潮,建立民族自强精神,铸造强国利器,实现中华民族伟大复兴,以"带动社会尚武风潮,建立民族自强精神,秉承中华武术文化的精髓,促进武术搏击项目融入世界,为中国企业向全世界展示形象提供宣传平台"为宗旨,意通过举办类似的赛事,深刻理会全民健身上升到国家战略的重要意义,用各类体育赛事来影响更多的人进行体育锻炼。2016年1月22日~4月22日,每周五和周六淮北市相山区九红社区全民娱乐健身中心举办"九正杯国际武术拳王争霸赛"。

2. 民俗体育资源

大运河安徽段区域民俗体育资源丰富,根据地方志记载,流行鞭春牛、踏青、登高、走百病、杂技游戏、舞龙舞狮等。如宿州二月二日"花朝,有踏青者""元宵,儿童竞杂技游戏,锣鼓通宵""重阳,登高饮菊酒"。萧县"十六日,士女出游,谓之走百病""九日登高"。[①]淮北抖空竹如图4.2所示。

图4.2　淮北抖空竹

---

① 丁世良,赵放.中国地方志民俗资料汇编(华东卷)[M].北京:书目文献出版社,1995:991.

当代,淮北民俗体育项目依然流行,如放风筝、秋千、抖空竹、毽球、斗鸡、斗羊、扭秧歌、耍旱船、舞龙舞狮等。空竹是一项古老的中国民俗体育项目,2008年被我国确定为非物质文化遗产保护对象。抖空竹可以愉悦人们的身心,提高自身修养,同时增强人体体质和协调性。近年来,淮北市涌现一批空竹爱好者和"空竹高手"。从几岁孩童到八旬老人,他们志同道合地聚在一起研究空竹技艺,娱乐中"玩"出了安徽省第一个空竹协会——淮北市空竹协会,于2013年6月6日上午正式成立。该协会现有在册会员66人,广布淮北三区一县。2016年3月31日,空竹作为传统文化技艺亮相淮北市南山村首届长寿南山文化旅游季,让前来游玩踏青的群众感受到传统体育文化的魅力。①

毽球作为传统项目在淮北广泛开展。2014年,"徐州阳光保险杯七市毽球邀请赛"在徐州市举行,淮北市相王毽球队力克各路好手,勇夺冠军。

健身气功也是重要的传统体育资源,在淮北市全民健身中发挥重要作用。2015年6月10日,在淮北市体育中心隆重举行了全国百城千村健身气功展示暨淮北市第二届健身气功大赛。淮北市各区县和企事业单位的34支代表队300多名运动员参加了集体八段锦表演,濉溪路小学的小朋友表演了太极扇,长山公园代表队表演了太极观音健身舞蹈。比赛设八段锦、五禽戏、大舞和导引养生功十二法四个比赛项目。在淮北市武术协会的努力下,淮北市健身气功运动开展得有声有色,从事健身气功锻炼的队伍越来越壮大。目前,淮北市已有健身气功站点上百个,社会指导200多名,数千名爱好者,为全民健身做出积极贡献。

宿州地区依然流行划龙舟、高跷、埇桥马戏、旱船、抬阁、架阁、打陀螺等。划龙舟是节日习俗,每到端午节,宿州男女老幼成群结队到东关口京杭运河西岸观赏划龙船,宿州划龙船的区域特色是在龙船后斜插一长杆,有杂技演员在杆子上做各种惊险动作。

三、大运河安徽段区域现代体育资源

大运河安徽段区域现代体育资源是指以现代体育项目为基础,以现代化体育场馆设施为条件广泛开展的群众体育、竞技体育、学校体育以及体育产业等。区域群众体育基础好,竞技体育有特色,校园体育健康开展,体育产业蓬勃发展。

(一)群众体育资源

"十三五"期间,淮北市共投入财政资金12875万元用于全民健身工作,实现全民健身工作"五个纳入"。截至2019年底,淮北人均体育场地面积达1.84平方米建

---

① 李鑫.安徽淮北:传统文化助力乡村旅游[N].光明日报,2016-04-01.

设目标,行政村新建社区的体育设施覆盖率达到100%;体育社会组织总量达到79个,会员人数6万人,体育资源进一步丰富。打造淮北国际半程马拉松、元旦万人长跑等品牌赛事,举办淮北市第十届运动会等赛事,承办环江淮万人骑行大赛淮北站、全国青少年U15及U17羽毛球赛等。着力培育县区品牌赛事,农民篮球赛、徒步、广场舞、迷你马拉松、千人腰鼓、环湖自行车赛等都成为群众喜闻乐见的品牌活动,实现"一县一品"或"一县多品"。创建青少年体育俱乐部5个、传统体育项目学校26所,建有市级体育中学1所,为全省五所省级高水平体育后备人才基地之一。

淮北市业余足球联赛2008年创立,在广大球迷的支持下,已经成功举办五届。联赛也逐渐发展成为全市广大球迷相互交流、切磋球技、享受运动快乐的平台,受到球迷朋友们的热烈拥护和欢迎,球迷朋友们积极地参与其中,为淮北全民健身运动的深入开展起到了良好的示范带动作用。2010年,联赛被评为2010年"安徽省全民健身十大品牌"。

近年来,健身走、健身跑运动发展迅速。2016年淮北市元旦长跑暨"美丽南湖"徒步行活动举行,全市8000名社会各界健身爱好者齐集一堂,以饱满的热情共同迈进建设精致淮北新的一年。

环华家湖自行车公开赛也已形成品牌,被评为"2015年安徽省全民健身十大品牌活动"。环华家湖自行车公开赛自2012年开始,已连续举办多年,随着赛事组织管理水平的提高和参赛规模的扩大,现已成为全省和淮北周边地区有影响力的一项品牌赛事,为淮北市全民健身运动的深入开展起到了引领示范作用。第三届环华家湖自行车公开赛暨首届职工自行车健身赛于2014年9月底在烈山区华家湖风景区开赛,吸引来自北京、浙江、黑龙江、河南、江苏等省市的近300名运动员参加。

淮北市"体育强市"计划提出"到2025年,全民健身公共服务体系更加完善。全市经常参加体育锻炼人数比例达到42%以上,人均体育场地面积达到2.6平方米以上,每万人拥有足球场地达到1.1块,每千人拥有社会体育指导员3名,城乡居民达到《国民体质测定标准》合格以上人数比例达到92%"。

宿州市抓好群众体育,全民健身体系加快完善。每年举办各类群众体育活动100多项次,直接参与人数20多万人,间接参与人数100多万人;群众参加赛事活动和体育锻炼积极性不断提高。农民体育健身工程村村实现全覆盖。强化基础建设,体育场馆设施大幅增加。市、县区体育场地设施"五个一"建设加快推进,市级建成6000座体育馆、全民健身中心和2个体育公园,市体育场、市游泳馆和新的全民健身中心正规划建设;泗县、萧县完成"五个一"建设。全市建成社会足球场地109块。全民健身事业的发展促进了城市转型发展,提升了城市形象。

（二）竞技体育资源

淮北竞技体育比较有特色，在羽毛球、摔跤、举重、射击、排球等方面发展较好。近年来，淮北市完成业余体育运动学校的迁建，申请了省拳击、羽毛球训练基地，体育中学被命名为省级高水平体育后备人才基地。建立了八所市级体育传统项目和两所特色项目学校。基本形成以体育中学为龙头、三个基地为主体、市级训练点和体育传统学校、体育特色学校为补充的三级市级训练新格局，扩大了半专业训练和走训运动员队伍人数，在训人数分别达到六百余名。

中国羽毛球协会主办的2015年全国羽毛球业余俱乐部赛，全年共有18站比赛，分别在济南、长沙、哈尔滨等18个城市举办。其中，淮北站比赛是第15站赛事，共吸引了来自宁波、徐州、宿州以及淮北本地25个俱乐部的200多名运动员、教练员参赛。

摔跤是淮北的竞技体育优势项目。盛泽田，出生于淮北，原男子57公斤级古典跤选手，国家一级运动员，现任国家摔跤队主教练。1989年，在布达佩斯举行的世界青年锦标赛上，盛泽田夺得古典式摔跤52公斤级银牌，这是中国选手首次在该项目的国际正式比赛中取得优异成绩；1992年，盛泽田获得巴塞罗那奥运会57公斤级铜牌，实现了中国摔跤奥运会奖牌零的突破，此后，他又分别获得1996年亚特兰大奥运会铜牌和2000年悉尼奥运会铜牌。

2021年淮北市成功举办市第十一届运动会暨第五届职工运动会，全市4000余名运动员参加比赛。积极组队参加省青少年足球、篮球、田径等锦标赛，获得19枚金牌、25枚银牌、25枚铜牌。10名运动员被授予国家一级运动员称号，77名运动员被授予国家二级运动员称号，1名足球运动员入选校园足球国家队。深入推进体教融合，发展校园足球、手球、柔道等体育项目，推动学校体育和竞技体育融合发展，目前全市共有省级体育传统特色学校12所，市级体育传统特色学校18所。

2021年宿州市竞技体育再创佳绩，宿州籍女子中长跑运动员王春雨在东京奥运会田径女子800米决赛中，以1分57秒获得第5名，成为中国进入奥运会女子800米决赛的历史第一人，打破了"中国无中长跑"的历史。十四届全运会上，王春雨、任晚宁、毛梓雨等15名宿州籍运动员代表安徽省参加比赛，王春雨荣获400米银牌、800米金牌、1500米金牌；武术散打运动员吴康乐获散打（小团体）项目第三名；健身气功代表队获得乡镇组气舞比赛三等奖。

（三）体育产业资源

淮北体育产业基础较好，截至2010年，体育经营场所从260余家增长到580余家，以健身服务业为重点的社会体育市场发展势头良好，尤其是以体育彩票为重点的体办产业取得突破性进展。2006~2010年,体育彩票销售额已达1.87亿元,累计获公益金1200余万元。2010年底,淮北市体育场地面积达到134万余平方米。

近年来,淮北市相山区濉河体育公园、杜集区南山体育公园成功申报2021年体育强省资金支持项目,争取资金300万元。规划建设烈山球类产业园,加快推动沃盛体育、泰润体育、明启体育、海众体育等球类生产企业落地和生产,2021年共签约体育产业类项目4个,总投资达1.3亿元。以品牌体育赛事培育为依托,承办安徽省青少年柔道锦标赛暨U系列比赛、第五届"盛大杯"淮海经济区青少年足球精英赛等高水平赛事,不断助推体育产业新发展。

宿州市教体局将体育各项工作融入宿州经济社会发展大局进行谋划,发挥好体育促进经济增长的新引擎作用,放大促进体育事业加快发展的新优势,做强系列品牌赛事,成功举办砀山县马拉松赛和马术耐力赛、泗县龙舟邀请赛。推进"体育＋"融合发展模式,打造运动休闲小镇,打造绿色生态经济,建设一批有影响力的精品示范基地,拓展体育产业领域,拓展体育产业新业态。砀山县马术小镇成功入选省级特色小镇,宿州大道体育休闲公园、宿州新汴河景区体育休闲公园、埇桥区乐湖体育休闲公园成功申报省级体育生态公园项目,全面推动宿州体育产业高质量发展。各类各项赛事成功举办,促进了体育产业发展取得新突破,体育产业质量效益同步实现双提升。全市体育企业620家,新增个体企业13家;体育产业总规模达42.2亿元,增加值7.4亿元,总规模占本市GDP的比例约为2.06%,预计体育产业增加值占本市GDP的比例为0.36%。

四、大运河安徽段区域体育旅游发展战略

(一)大运河安徽段区域体育旅游发展制约因素分析

1. 社会经济落后

2021年淮北市GDP总量突破1200亿元,达到1223.0亿元,同比增长3.4%,增速高于上年同期0.1个百分点。其中,第一产业增加值86.3亿元,同比增长9.6%;第二产业增加值514.3亿元,同比下降2.5%;第三产业增加值622.4亿元,同比增长7.3%。三次产业结构比例为7.1:42.0:50.9。全年居民人均可支配收入30738元,比上年增加2611元,增长9.3%。城镇居民人均可支配收入39688元,比上年增加3260元,增长9.0%。全年城镇居民人均消费支出23376元,增长9.8%。农村居民人均可支配收入16504元,比上年增加1286元,增长8.5%。全年农村居民人均消

费支出14105元,增长21.5%。①

2021年宿州市全年地区生产总值(GDP)2167.67亿元,按可比价格计算,增长8.5%,两年平均增长6.0%。其中:第一产业增加值332.13亿元,增长8.0%;第二产业增加值768.56亿元,增长9.2%;第三产业增加值1066.98亿元,增长8.3%。三次产业结构比为15.3∶35.5∶49.2,对GDP的贡献率分别为14.9%、37.0%、48.1%。人均地区生产总值达40688元,增长8.6%。全年常住居民人均可支配收入24290元,增长9.9%。其中,城镇常住居民人均可支配收入37278元,增长8.5%;农村常住居民人均可支配收入15913元,增长10.8%。②

大运河安徽段和东部沿海发达省份相比,社会经济发展还有较大差距,制约着体育旅游业的发展。

2. 观念滞后

对大运河安徽段区域而言,体育旅游是一个新兴行业,其专业人才较为缺乏。正因如此,部分民众对体育旅游的认识不够全面,体育旅游的需求不够旺盛,受惯性思维制约,往往将体育和旅游分开对待,体育旅游观念还未被民众普遍接受。政府或相关部门就体育旅游对经济社会产生的作用及其未来的发展前景缺乏足够的认识。对体育文化缺少推广,对体育旅游行业的政策、规划、开发与保护、策划、营销等方面缺乏系统的研究,体育旅游市场培育不够,这些均制约了淮北体育旅游业的发展。淮北地区体育旅游产业的组织形式还处于规模小、经营分散化状态,缺少专业化、规模化、集约化产业集团的参与,体育旅游产品较少,具有品牌影响力的精品少。

3. 缺少体育旅游品牌

大运河安徽段区域体育旅游资源丰富,有汉代画像石遗存所蕴含的体育元素,隋唐大运河所包含的丰富体育文化,淮海战役期间留下的红色体育资源等。但和国内其他地区相比,还缺少有世界级影响力的体育旅游品牌。而隋唐大运河"申遗"成功,给大运河安徽段区域发展体育旅游提供了良好的契机。隋唐大运河包含丰富的体育元素,而且是具有世界影响的文化遗产。以大运河为主题,打造体育旅游品牌,整合体育旅游资源成为大运河安徽段区域体育旅游发展的重中之重。

4. 协调机制不健全

体育旅游是个高度综合的产业,涉及体育、旅游、文化、规划、土地、工商等多个

---

① 淮北市统计局. 2021年淮北市国民经济和社会发展统计公报[EB/OL]. (2022-04-11). https://tj.huaibei.gov.cn/xwzx/tjgb/57082671.html.

② 宿州市统计局. 2021年宿州市国民经济和社会发展统计公报[EB/OL]. (2022-04-11). https://tjj.ahsz.gov.cn/sjsz/tjgb/192721371.html.

部门,有时会出现责任归属不清等问题,引起市场混乱。2016年,国务院《政府工作报告》指出:落实带薪休假制度,加强旅游交通、景区景点、自驾车营地等设施建设,规范旅游市场秩序,迎接正在兴起的大众旅游时代。各级政府部门、旅游主体单位应明确责任,通力合作,各司其职,这需要地方政府部门在体育旅游的开发中加强监管和监督。在体育旅游的开发中不仅要加强安全防范,还要建立意外保险等机制,确保体育旅游市场的有效运营。

5. 旅游产品形式单一

大运河安徽段区域有着丰富的体育旅游资源。目前体育旅游产品结构主要表现在体育赛事观赏游、体育活动体验游等形态上,开发的产品类型相对较少,还有待进一步拓展和丰富。体育旅游资源的丰富与少数旅游产品之间形成很大的缺口,体育自然资源的旅游开发相对较少。旅游交通、旅游宾馆(饭店)等接待能力有待进一步提升。大运河安徽段区域体育旅游设施还不够完善,硬件配套设施跟不上,供旅游者运动和娱乐的设施不足。

(二)国内外城市体育旅游开发的借鉴

1. 焦作发展体育旅游的成功经验

焦作市因煤而建,因煤而兴,是全国典型的资源型城市。但是20世纪90年代,焦作市的煤炭资源走到了临近枯竭的边缘,焦作市将眼光从地下转为地上,开始着力发展旅游业。经过了几年的努力,焦作市旅游产业飞速发展,年游客接待量由1999年的51万人次发展到2009年的1502万人次,增长了30倍,旅游总收入从1999年的1.48亿元增加到2009年的110亿元,增长了73倍,旅游业在GDP中所占比例由1999年的0.7%上升到2009年的13.1%。焦作市成功地实现了产业转型,一跃成为全国旅游业发展速度较快、管理水平较高、游客接待规模较大的城市之一,成为我国北方地区腾空升起的一座旅游明星城市,其所创造的奇迹震撼了华夏大地,被称为"焦作现象"。焦作国际太极年会在世界的影响与日俱增。据统计,目前焦作市有38.7万人练习太极拳,其中致力于太极拳研究的约有2800人。据不完全统计,目前已经有70多个国家和地区建立了太极拳组织,国内外仅陈式太极拳组织就达到150多个,而其他各式太极拳组织总数达到上千个,练习太极拳的世界总人口近1亿人。[①] 如果说太极拳是西方了解中国的一个媒介的话,那么焦作市国际太极拳年会则是世界了解焦作的一个窗口。太极拳年会对宣传焦作、把太极拳推向世界起到了极大的推动作用,并且在带动焦作市地方经济和改善城市形象方面取得了很大的成功,焦作市已经实现了由"煤城"到"旅游城市"的经济转型,逐步

---

① 成娟."焦作现象"的传播学解读[D]. 开封:河南大学,2010:1,16.

实现城市的良性发展。

改革开放以来,焦作的群众体育活动取得了很大成就。尤其是2007年以来,焦作市每年承办的活动赛事都是150场以上,先后承办了国际男、女排邀请赛,全国篮球联赛、U17乒乓球挑战赛等精彩赛事。特别是从2000年4月起,焦作市承办了U17乒乓球挑战赛并通过中央电视台的现场直播,让亿万电视观众的视线汇集到了焦作这个本不为人熟识的城市。在比赛现场直播中,中央电视台有意识地加大了对焦作的宣传力度,反复播放焦作市各自然景点、人文景观的旅游宣传片,同时,主持人不时地向观众介绍焦作的风土人情和城市综合情况等,使得焦作的名气大大提升。承办U17乒乓球挑战赛之前,焦作在全国范围内可以说是个"无名城",通过举办这样的国际体育赛事来宣传焦作的旅游资源和风土人情,从而提高焦作在国内外的知名度,促进焦作旅游业的发展。①

焦作市对于太极拳文化的传播和交流也非常重视。从1992年至今已经举办了十届太极年会,国际知名度越来越大,参赛国家和人数也逐年增加。这项活动使太极拳与焦作形象紧密结合在一起,为焦作市打造"焦作山水太极圣地"的国际形象添砖加瓦。同时为发展太极文化产业,焦作市委托北京大学中国战略中心编制了《焦作市太极文化产业规划》,目前正在向全球公开征集"焦作市国际太极文化交流中心"总体方案,该中心规划面积约为1000亩,计划投资总额约10亿元。预计园区建设完成后,基本具备五大功能,分别是太极文化旅游基地,太极文化衍生产品的研究、生产和贸易基地,太极拳国际交流与国内活动基地,文化企业总部基地,太极拳培训基地。

2. 德国鲁尔区体育旅游的成功借鉴

德国鲁尔区的工业化历史较长,从19世纪上半叶开始进行大规模的煤矿开采和钢铁生产,逐渐发展成为欧洲最大的工业区,也是世界上最大的工业区之一,被称为"德国工业的心脏"。

进入20世纪50年代,由于受到世界能源结构转变和科学技术发展的冲击,鲁尔区传统的采煤和钢铁工业开始逐渐衰落。到20世纪70年代后,出现了严重的逆工业化过程,导致巨大的经济结构变革,主要表现为传统产业在国民经济中的重要性迅速下降,第三产业尤其是以旅游业为主导的服务业飞速发展。例如,鲁尔区的煤矿数量由1957年的140个缩减到2002年的7个,煤矿从业人数由47万下降至4万;炼钢厂的炼钢炉从1955年的81座缩减到2000年的7座,从业人数由30万下降至5万。再如,鲁尔区的15万个规模不等的企业中,大部分都是第三产业,从事第三产业的人数为140万,占所有就业人口的65%。正是在这种后工业社会的历史

---

① 韩福文. 德国鲁尔与我国东北工业遗产旅游开发比较分析[J]. 商业研究,2011(5):196.

背景下,鲁尔区的工业遗产保护与旅游开发得到了当地政府的高度重视并迅速发展。

鲁尔区借鉴英美等国开发工业遗产旅游的成功经验,根据本地旅游开发和区域振兴战略的需要,把工业废弃用地保存下来,并使之成为工业遗产旅游开发的宝贵资源。德国鲁尔区的工业旅游是从工业遗产旅游开始的,而工矿废弃用地一直是鲁尔区空间开发利用的重点,包括工业机器、生产设备、厂房建筑等在内的废弃工业旧址,改造成一种能够吸引现代人们了解工业文化和文明,同时具有独特的观光、运动休闲和旅游功能的新区域。现在,鲁尔区不仅保留了大量的工业废弃用地,而且进行了大规模的旅游开发,并成为最具示范效应、最具影响力的旅游区域。

体育旅游是鲁尔区发展工业遗产旅游的重要组成部分。鲁尔区内的北极星公园原来是以煤炭工业为主的工业园区,经改造成为一个典型的大型公共游憩空间。公园视野开阔,可举办各种大型的户外活动。北杜伊斯堡景观公园利用蒂森钢铁公司遗迹改建而成,是一个以煤铁工业景观为背景的大型公共游憩公园,其中有潜水俱乐部训练池、青少年活动场地等。

(三)大运河安徽段区域体育旅游发展战略

根据游客体育旅游目的地和体育旅游资源开发的视角,结合隋唐大运河旅游开发的现状,把大运河安徽段区域生态体育旅游资源分为三类:生态体育遗产旅游、生态休闲体育体验旅游、水域生态体育旅游资源。

1. 大运河安徽段区域生态体育遗产旅游资源

当前城市化迅速推进,体育遗产面临危机,体育遗产不仅包括物质形态的遗产,还包括非物质文化遗产。如淮北的体育遗产是丰厚的,是在长期的历史积淀中逐渐形成的,是开展体育遗产生态旅游的宝贵财富。大运河安徽段生态体育遗产旅游资源分类见表4.2。

表4.2 大运河安徽段生态体育遗产旅游资源分类

类别	系类产品
历史遗产类	通济渠故道泗县段、临涣古城墙、柳孜文化园、濉溪老街、临涣茶馆、隋唐大运河博物馆、淮北汉画像石馆、千年名刹显通寺、渗水崖、万丈碑、涉故台、垓下古战场、虞姬墓、闵子祠、萧窑遗址、白居易东林草堂遗址、灵璧奇石文化园等
红色纪念型	临涣淮海战役文昌宫指挥部、小李家指挥部、双堆集歼灭战战场遗址、萧县蔡洼村淮海战役总前委旧址、皖东北抗日根据地石相旧址等
游山玩湖型	龙脊山风景区、四季榴园、皇藏峪、相山风景区、秀丽南湖、长寿南山、东湖风景区、新汴河风景区、五柳风景名胜区、黄河故道湿地公园等

续表

类别	系类产品
民俗表演类	划龙船、抖空竹、斗羊、杂技、风筝、传统武术、旱船、高跷、抬阁、埇桥马戏、狮子舞、舞龙、秧歌等
节庆参与类	宿州网球节、宿州国际半程马拉松赛、萧县书画艺术节、塔山石榴节、相山庙会、食品博览会、伏羊美食节、灵璧奇石文化博览会、砀山梨花节、泗州戏文化节、中国马戏艺术节等
娱乐游戏类	隋唐运河古镇、东湖千亩森林公园、台湾文创园、政通梦幻王国、萧县饮马泉山庄、泗县清水湾公园、宿州运河人家等
人物类	桓谭、嵇康、华佗、虞姬、朱温、明太祖孝慈高皇后马氏、齐白石等

2. 大运河安徽段区域生态休闲体育体验旅游资源

大运河安徽段区域体育旅游资源历史积淀丰厚,形态多样,依据其生态休闲体育体验特点,分别命名为蓝色、绿色、红色、紫色、灰色、金色等"六色"概念的体育体验旅游品牌。

蓝色生态休闲体育体验旅游具有多样化的休闲健身形式,淮北兴建的隋唐运河古镇借助丰富的塌陷湖资源,利用天然河流开展以水上运动体验为主的生态休闲体育旅游项目,大致可以分为两类:一类是有体育辅助设施的徒步健身、游泳、潜水等,另一类是需要体育设施的划船、龙舟竞渡、水上摩托车等。淮北丰富的塌陷湖资源和天然河流为"复活"隋唐大运河提供丰富充足的水体资源,并且赋予隋唐大运河体育文化新的历史文化内涵,为游客提供充足的休闲健身游憩发展空间。

绿色生态休闲体育体验旅游是利用互相连接的塌陷湖和天然河流"复活"的运河堤岸绿色植被以及比邻隋唐运河古镇规划的万亩森林公园,筹建的柳孜运河遗址公园营造的丰富植被,为游客进行千姿百态的植物观赏,进行游憩、健身、休闲等活动提供便利条件。近年来,淮北东湖公园春季万亩油菜花、秋季万亩向日葵都吸引了大量市民前来休憩、放风筝等。占地650亩、总投资约1.1亿元的柳孜运河遗址公园,已于2016年"五一"劳动节开放,公园不仅可以观赏花草,还可以在公园跑马场体验纵情驰骋的快乐。

红色生态休闲体育体验旅游是以红色体育旅游资源开展的爱国主义、强身健体类体育活动。临涣古城墙兴建于春秋战国时期,是国家级文物保护单位。临涣是宋国的铚邑,2000多年前,陈胜、吴广起义,首先攻克这座城池,所以临涣古城墙也是进行爱国主义教育的红色基地,而周长5818米的古城墙,松柏参天,是修建休憩廊道、健身步道的极好资源。双堆集歼灭战战场遗址、小李家指挥部旧址、蔡洼村指挥部旧址等,都是进行爱国主义教育、开展红色体育健身的好去处,这和大运河安徽段区域休闲体育特质相得益彰。

紫色生态休闲体育体验旅游是地域性历史、人物要素的集中展现。大运河安徽段区域汉代武术文化形式多样,主要有持械对练、射箭、蹶张、马术、狩猎等。高书林先生的《淮北汉画像石》一书中有大量的武士形象。淮北市梧桐村"习武者"画像石,两武士一手持剑,一手拿盾牌,做进攻与防御的武术对练。淮北市有"口含利剑的武士""执铍的武士""拿锤的武士"等画像石。[①]大运河安徽段区域不仅武术文化发达,其他体育娱乐形式亦丰富多样,有饮酒宴乐时的六博、投壶,有折腰击鼓的楚风乐舞,有紧张刺激的杂技表演,还有巫风盛行的傩舞表演。淮北市梧桐村"鼓乐舞"图,一男一女,手执鼓桴,边鼓边舞。淮北市白渎山"马上杂技"图,一马停立,马上一人作后仰状,紧张刺激。

汉代以降,大运河安徽段区域尚武之风继续发展,西晋伏滔《正淮论》载:"其俗尚气力而多勇悍,其人习战争而贵诈伪,豪右并兼之门,士室而七藏甲,挟剑之家比屋而发。"指出淮北人好斗成习,普遍携带器械。宋元时期,大运河安徽段区域尚武之风更加发展,《太平寰宇记》云:"人多躁急剽悍,勇敢轻进。"元朝许士渊曰:"百年间人俗犷悍。"《亳州志》载:"动辄招群相斗……唯少年习武,技勇相角。"围绕大运河安徽段区域丰富的历史体育文化资源,可开展投壶、射箭等运动休闲项目,满足旅游爱好者的体验需求。

灰色生态休闲体育体验旅游是借助体育场馆设施开展的系列体育活动。近年来,淮北市围绕群众何处健身问题,着力拓展全民健身空间,打造15分钟健身圈,建设体育公园,不断增强体育场馆惠民水平。宿州市重点建设贴近社区、方便可达的全民健身中心、多功能运动场、体育公园、健身步道、健身广场、小型足球场等群众身边的健身设施。新建或扩改建体育公园、全民健身中心、公共体育场馆等健身场地设施7个以上,建成冰雪或类冰雪设施5个。推动农民体育健身工程提档升级,完成乡镇(街道)全民健身器材设施补短板项目75个以上,新建或改扩建行政村(社区)全民健身设施313个以上,新建足球场地38个以上,新建健身步道190千米以上。体育场馆设施建设有力促进灰色生态休闲体育旅游发展。

金色生态休闲体育旅游是借助节假日开展的系列体育活动。随着社会的发展,人们休闲时间的增多,利用节假日,开展户外旅游采摘成为休闲运动的发展趋势。近年来,榴园村、南山村紧密结合人们的休闲健身需求,开展季节采摘,举办石榴节,开展环华家湖自行车赛等。2015"徽商银行杯"淮北市第四届环华家湖自行车公开赛吸引了来自上海、辽宁等全国各地以及本地近500名选手参赛。淮北是典型的温带季风气候,冬季有积雪,可以开展赏雪、滑雪等活动。

宿州市重点打造了宿州市国际半程马拉松赛、砀山县国际马术耐力赛、砀山县梨园马拉松赛、环江淮自行车骑行大赛、泗县龙舟赛等"一市多品、一县一品"特色品牌赛事。

---

① 高书林.淮北汉画像石[M].天津:天津人民美术出版社,2002:5,151.

3. 大运河安徽段水域生态体育旅游资源

大运河安徽段水域生态体育旅游资源主要包括河道类生态体育旅游资源和湖泊类生态体育旅游资源。淮北市地表水系较发达，区内河流属淮河洪泽湖水系，自北向南依次分布有闸河、龙岱河、肖滩新河、王引河、南沱河、浍河、濉河等自然和人工河流。宿州市属淮河流域，全市有主要河道70多条，分别属于黄河、淮河水系。较大的河流有浍河、沱河、濉河、灉河、奎河、萧滩新河、新汴河、废黄河、闸河、萧滩引河、王引河、龙河、积谷河、岱河、利民河、萧滩运河、龙河、潼河、老濉河、小黄河、新濉河等。

除了自然水资源，大运河安徽段大型水利工程也为水域生态体育旅游提供支持。淮水北调工程是国务院确定的172项节水供水重大水利工程之一，是安徽省"三横三纵"水资源配置体系的跨区域骨干调水工程，是支撑和保障皖北地区加快发展的重大基础设施，也是国家南水北调东线配水工程和安徽省引江济淮工程的延伸工程。2012年11月淮水北调工程开工。2017年1月淮水北调工程通过投入使用验收。2017年底淮水北调工程全面建成。该工程对淮北市、宿州市经济社会发展将产生深远影响。

尤其值得肯定的是，近年来，淮北绿色转型发展成绩斐然，也为水域生态体育旅游提供了丰厚的条件。自1960年建市以来，淮北市累计因采煤形成沉陷土地41.6万亩，成为发展"难点"、民生"痛点"。在不断探索产业转型的同时，淮北市以采煤沉陷区治理为突破口，探索总结出"深改湖、浅造田，不深不浅种藕莲；稳建厂、沉修路，半稳半沉栽上树"的综合治理模式，努力让历史包袱变成发展财富。截至目前，该市已累计投入采煤沉陷地综合治理资金150多亿元，共治理沉陷地137平方千米，治理率全国领先。而今，淮北市区内，南湖、绿金湖、乾隆湖、朔西湖等一个个湖泊如同一串珍珠，让淮北这座城市熠熠生辉。

淮北绿金中央公园是一个因采煤塌陷形成的湿地公园，是全国地级市中最大的人工内湖，是一个城市中央公园。绿金中央公园规划治理总面积约3.61万亩，总挖方量达3000万立方米，总投资约22亿元，总工期20个月，2016年4月开工，2017年12月竣工并通过市级验收。

淮北市、宿州市丰富的水域生态体育旅游资源是开展龙舟竞渡、潜水、水上手球、水上摩托艇、垂钓、划船、滑水等水上项目的理想场所，在做好安全措施的条件下，要大力提升水上生态体育旅游的经济效益和社会效益。2018年6月18日上午，2018淮北市首届南湖龙舟赛在南湖公园激情开赛。本次活动旨在打造淮北体育赛事新品牌，丰富与活跃淮北人民群众的日常文化体育生活，展示市民积极向上的精神面貌，推动全民健身运动的发展，弘扬传统民族文化精神，为进一步打造具有淮北特色的绿金文化而贡献力量。

4. 大运河安徽段区域生态体育旅游品牌塑造

第一,应做好大运河安徽段区域生态体育旅游资源的开发利用。隋唐大运河是世界文化遗产的重要组成部分,具有丰富的历史文化内涵,包含丰富的物质形态、非物质形态的体育文化遗产,自申请世界遗产成功后,更应该重视构建生态体育旅游资源遗产的开发保护体系,尤其要注重原真性的保护。隋唐大运河体育文化的特质是尚武的、积极进取的,同时又是休闲的,符合当代社会发展的趋势,要本着原真性原则,开发富有隋唐大运河体育文化特质的产品,把经济效益和公益性结合起来。

第二,融入"一带一路"战略,做好承接与区域协调。要重视整体性,着眼于国家大区域发展战略,把生态体育旅游纳入国家整体经济发展战略。要顺应"一带一路"战略,推动运河体育文化交流。历史上,隋唐大运河和丝绸之路休戚相关。目前"一带一路"沿线经济规模约21万亿美元,占全球经济总量的29%,主要参与国是发展中国家,与我国经济结构存在互补性,有扩大投资贸易的长远潜力。"一带一路"战略支撑下的企业"走出去"是体育旅游产业发展的重要基石。最新数据显示,今年前三季度,安徽省企业与"一带一路"沿线国家共新签1000万美元以上工程项目14个,较上年同期增加4个,合同总额6.8亿美元;对沿线6个国家实际投资5.1亿美元,占全省的53%。安徽省商务厅的数据显示,目前安徽省企业"走出去"业务已经扩展到107个国家和地区,累计设立境外企业560多家,境外投资企业遍及全球50多个国家和地区。据统计,近五年来,安徽省累计对外投资是"十一五"时期的2.1倍,"走出去"已经成为安徽省外向型经济中发展最快的业务领域。[1]淮北市及安徽省政府应从如何融入"一带一路"战略的角度出发,以体育产业和体育事业发展的视角,构建隋唐大运河生态体育旅游资源遗产的开发保护体系,将生态体育旅游品牌做大、做强。

同时,重视承接长三角体育产业带工作,充分发挥淮北市、宿州市与长三角之间的承接,有利于完善体育旅游业创新政策,实现转型升级;有利于体育旅游业快速发展,有利于规划体育市场行为,实现有序发展。具体承接路径是要推动与长三角的理念对接,搭建与长三角的互动平台,促进与长三角的细化分工,加强与长三角的科技互动,加强与长三角的投融资互动等。

此外,还要重视与徐州市的合作交流,淮北市和徐州市历史上同属于淮海文化圈,体育旅游资源具有强烈的互补性,加强高铁等快速通道建设,实现两个城市的体育资源互补互动,实现共同发展。

第三,推进差异化战略,塑造并传播良好的大运河安徽段区域生态体育旅游目的地形象,对推动隋唐大运河生态体育旅游可持续发展有重要的潜在动力作用。

---

[1] 鲍亮亮.产能输出,皖企"出海"新动能[N].安徽日报,2015-10-29(1).

针对大运河安徽段区域品牌体育旅游资源匮乏的缺陷,要高起点规划具有特色的生态体育旅游景点,如淮北市隋唐运河古镇是由安徽省旅游集团和安兴发展有限公司共同投资的,总投资约20亿元。该项目按国家4A级风景区标准建设,建筑形态以隋唐时期民居古建风格为基调,通过现代科技与传统文化的结合,建设全国最大的隋唐建筑与民俗文化体验中心,再现淮北文化和隋唐运河的悠久历史。整个项目将打造成以文化为底蕴、以运河为核心、以古镇(城)为特色的大型文化旅游商业综合体,对于充分挖掘淮北市隋唐大运河文化资源和历史价值,打造城市文化旅游新名片,促进城市产业转型升级具有重要意义。此外,还要注重整合区域内旅游资源,建造完善的体育设施,开展丰富多样的以运河为中心的体育项目,形成区域性生态体育旅游集聚区。

第四,以城市区划为基础,构建体育旅游创意双轮驱动保障机制。城市化是生态体育旅游重要的动力,营造运动休闲城市双轮驱动保障机制是推动生态体育旅游重要的途径,具体来说要以资源、市场、制度、人才、技术、保险及文化包容精神为载体,这七大载体是循环传导的联动关系,其中生态体育旅游资源是基础,创意是关键,动态创新是主线,通过资源、创意双轮和动态创新体系,驱动大运河安徽段区域生态体育旅游运动休闲城市建设,达到创新力发挥和禀赋最大化。2013年习近平总书记在曲阜考察时指出,必须大力弘扬中华优秀传统文化,对传统文化进行创造性转化、创新性发展。大运河安徽段区域体育文化遗产是我们构建运河生态体育旅游的宝贵财富。如以运河休闲健身带为空间,利用宋代"蹴鞠儿童"作为健身广场的塑像,不仅营造了浓郁的体育人文景观,同时对激发群众健身热情具有极强的感染力。

第五,以国内外城市为借鉴,构建体育旅游竞争力指标体系。淮北市、宿州市作为资源型城市,自觉实现城市发展转型,要借鉴国内焦作、阜新等城市发展体育旅游产业的成功经验,推动优势项目产业化,带动体育旅游快速发展。同时要借鉴德国鲁尔区等国际上发展体育旅游的成功经验,把矿山湖、工厂、废弃矿井等工业遗产进行体育旅游开发利用,实现国土整治和生态旅游发展的双重目的。要突出隋唐大运河体育元素,塑造有自身特点的体育旅游品牌。

大运河安徽段区域生态体育旅游景区竞争力是旅游景区经济主体通过占有具有比较优势的体育旅游资源,借助一定的公共服务和体育旅游设施,将其转化为具有竞争优势的生态体育旅游品牌,以此获得较高收益的能力。主要包括景区熟悉度、景区归属感、景区认可度、景区依赖感、景区根深蒂固感等一级指标,以及景区熟悉度一级指标下的景区感知距离、游览景区的频次、对景区的熟悉程度等二级指标体系。当前,旅游市场竞争激烈,必须以隋唐大运河体育遗产为核心,培育具有地域文化特色的生态体育旅游景区竞争力品牌,重视人本、低碳绿色理念,树立可持续发展理念,开拓国内、国际市场,塑造城市良好形象,实现产业转型。

第六,以"服务型"政府引领体育旅游业,建立体育旅游价值评估体系。在推进大运河安徽段区域体育旅游业发展进程中,政府的主导作用不可缺失,要建立发挥市场资源配置起决定性作用,政府宏观调控的体系,规范体育旅游市场,整治扰乱市场秩序的行为,严厉打击有损淮北旅游形象的行为,推进生产要素市场化,加快中介市场发展,大力扶持有利于体育旅游业发展的民间体育社团组织,为淮北体育旅游业发展营造良好的外部环境。

第三节 大运河—徽杭古道户外运动带的文化内涵与发展路向

2016年国家发改委、体育总局等八部门发布《户外运动产业规划》,提出"三纵三横"的战略布局,其中,沿京杭大运河、串联徽杭古道、徐霞客古道的户外运动路线,构成我国东部纵向的山地户外运动带。户外运动的本质是休闲的,迎合了城市化快速推进中的全民休闲健身需要。当前,我国进入全面建设小康社会的决胜阶段,人民群众体育消费由实物型消费向参与式消费转变,大力发展山地户外运动产业是满足人民多样化体育需求的重要途径,是落实"健康中国"、激发产业活力的重要内容。

"大运河"被誉为世界奇迹,历史上大运河沿线城镇繁荣,不仅人口众多,而且商贾云集、往来不绝,呈现出"风帆接南北,烟波阅古今"的盛世景象,见证了中华文明兴衰,而且作为一种大尺度的区域"活态"遗产,至今仍在发挥航运、灌溉等作用。徽杭古道则是我国三大地域文化徽文化的重要载体,蕴含着"贾而好儒"的徽商经营原则和理念,体现"徽骆驼"精神。大运河文化、徽文化包含丰富的体育元素,是在推进中华民族伟大复兴进程中留得住的"乡愁"。大运河—徽杭古道户外运动带连接我国最具经济活力的长江三角洲和京津冀地区,是我国经济社会发展和全民健身的表征。在大运河—徽杭古道户外运动带建设中,发展体育产业,传承优秀传统体育文化,增强民众文化自信是应有之义。

一、大运河—徽杭古道户外运动带的历史文化内涵

（一）大运河—徽杭古道户外运动带的概念内涵

大运河与徽杭古道有着密切的联系,学者冬冰、张益等曾提出大运河、新安江和徽杭古道构建的徽商文化线路是徽商活动重要的文化空间,是一条中华文明交往的重要道路。本书中的"大运河"不仅包括"京杭大运河",也包括大部分埋于地下的"隋唐大运河"。一方面隋唐大运河是大运河世界文化遗产的有机组成部分;另一方面大运河户外运动带建设过程中,体育总局规划"三纵三横"的框架中,主要是京杭大运河户外运动带,这是不全面的,隋唐大运河沿线民众对大运河同样具有厚重的文化记忆,并开展丰富的大运河户外运动。户外运动是指人们以人力或自然力,在基于自然的环境中开展的体育活动。① 大运河—徽杭古道户外运动带是以大运河和古商道为空间载体,围绕大运河、商道开展的所有全民休闲健身活动,是勾连古今的文化空间;从文化内涵上讲,大运河—徽杭古道户外运动带承载着丰富的历史文化意蕴,契合了现代社会的休闲审美需求;从功能上讲,大运河—徽杭古道户外运动带具有经济、社会、文化等多元价值,值得深入挖掘保护和利用。

大运河—徽杭古道户外运动带具有深厚的历史文化底蕴,对民众具有极大的文化感染力和号召力。2012年2月18日,郑州的200多名徒步爱好者沿隋唐大运河郑州段,声援即将到来的大运河申遗。2013年中国龙舟公开赛总决赛在运河拱墅段举行,这是杭州运河段第三次举办全国性的龙舟赛事。徽杭古道作为华东第一户外运动带,以其独特优美的景观和深厚的历史文化内涵,吸引大批户外运动爱好者参与其中。

（二）大运河—徽杭古道户外运动带的历史

大运河区域开展户外运动的历史悠久,尤其是宋代,运河沿线城市户外运动开展很兴盛。开封城内金明池开展一年一度的龙舟竞渡,杭州钱塘江上,则有观潮、弄潮的运动习俗。江浙地区的弄潮儿"皆披发文身,手持十幅大彩旗,争先鼓勇,溯迎而上,出没于鲸波万仞中,腾身百变,而旗尾不沾湿,以此夸能",体现了游泳健儿勇敢无畏,敢于向大自然挑战的精神。岁时民俗方面,则有踏青、斗百草、划龙舟的户外运动习俗。《东京梦华录》记载:"凡新坟皆用此日（清明节）拜扫。都城人出郊……四野如市,往往就芳树之下,或园囿之间,罗列杯盘,互相劝酬。都城之歌儿舞女,遍满园亭,抵暮而归。"为我们展示了清明时节,开封城民熙物阜、民众

---

① 马欣祥,田庄.对户外运动概念的重新甄别与界定[J],中国体育科技,2015,51(1):144.

三五成群地去郊野踏青的情景。杭州端午节举办龙舟赛事,亦吸引大批民众参与,湖中画舫齐开,游人如蚁。竞赛时,湖中立一标杆,上面挂满彩缎、银碗、官楮等,泳衣赏赐得胜者。竞赛中,龙舟奋勇争先,人声鼎沸,异常热闹。

元朝时,大运河沿岸的大都经常举办大规模的围猎户外运动。围猎时,大汗高坐于大象之上,周围是一群骑骏马的蒙古王公,他们纷纷射出各种颜色的箭,此时"野兽的嗥叫和猎狗的吠声混在一起,加上人的呐喊声和马的奔驰声,是如此的喧嚣,几乎使人震耳欲聋"。之后便将猎得的野兽实行"佛教式的放生"。史料栩栩如生地叙述了皇帝实行围猎的盛况,使人如临其境。①

徽杭古道始建于唐代,位于天目山主峰清凉峰北麓的逍遥岩峡谷中,是历史上徽州先民通往山外的重要路径,是继"丝绸之路""茶马古道"之后的第三条著名古道,2013年被评为全国重点文物保护单位。明万历《绩溪县志》载:"逍遥岩上为浙岭,登水滥觞于此。陡绝,危若栈道,此通杭径也。"这条线路代表着徽商奋发进取的人生里程,代表着儒家思想接受商业文明的趋于开明的转型旅程,代表着中国农耕文明后期重农轻商价值传统被局部打破,不仕则商、弃官就贾理性的社会价值观由此诞生。在徽杭古道的道路上亦留下了胡宗宪、胡雪岩、胡适等一代代军界、商界名流和文学巨匠的脚印。徽杭古道是文化历史的活化石。

(三)大运河—徽杭古道户外运动带体育遗产

大运河作为具有代表性的文化遗产和活态遗产,有学者认为:"它是自然与人文遗产的结合,古代、近代以及当代遗产的结合,物质与非物质遗产的结合,静态与动态遗产的结合,典型与非典型遗产的结合,点、线、面的结合。"②大运河户外运动带有丰富的体育文化遗产,不仅有物质形态的体育遗产,还有非物质文化形态的体育遗产。

大运河在长期的历史演变中,承载着丰富的文化内涵,包含丰富的体育文化元素。淮北市柳孜遗址是1999年全国十大考古新发现之一,2001年被确定为全国重点文物单位。2012年进行了第二次考古发掘,出土文物总计达7000余件。这次考古发掘成果中有珍贵的宋代体育文物,包括3件抱蹴鞠的孩童瓷器、瓷质围棋、象棋、骨牌、骰子、木剑等。蹴鞠孩童体育文物为人们展现宋代"乡村年少哪知此,处处喧呼蹴鞠场"的场景。

2010年,淮北市征集大运河瓷时,征得晚唐相扑瓷雕1件。这件相扑瓷雕不仅为人们展现宋代运河区域儿童广泛开展相扑运动的景象,还说明完全意义上的、独

---

① 安作璋.中国运河文化史[M].济南:山东教育出版社,2006:1036.

② 朱晗,赵荣,郗桐笛.基于文化线路视野的大运河线性文化遗产保护研究:以安徽段隋唐大运河为例[J].人文地理,2013(3):71.

立成项的相扑运动,在中国至少有上千年的历史,更是淮北参与古代"一带一路"文化交流的明证。

捶丸是我国古代一项高雅的运动休闲活动形式,被誉为"古代高尔夫"。进行捶丸运动时,先把球放置在球基内,然后依次向数十步至数百步之外的若干球窝内击球。可以两人对打,也可以两队间比赛,以球入窝多者为胜。宋代至明代时期流行。捶丸之"丸",即这项运动所用的球,绞胎球是其用球类别之一。捶丸运动规则严密,不仅是调养精神的手段,"诚足以收其放心,养其血脉,而怡怪乎精神者也",同时是陶冶情操的手段,也是加强军队纪律、进行军事训练的好方法。

目前发现捶丸运动的流行区域主要集中于四川、山西等地。隋唐大运河沿岸区域是重要的捶丸运动流行区域,因为大运河是王朝经济命脉,为沿岸居民带来较为丰厚的物质条件,人们得以开展休闲健身娱乐活动,正如文献记载:"剧场建旗,毯场上剧成了窝,立彩色旗儿。合众同乐,合聚捶丸之人,相与同乐。"

大运河户外运动带拥有丰富的体育非物质文化遗产。京杭大运河城市有28个县市区列入全国"武术之乡"名单,高达全国总数的31%。京杭大运河沿线群众因为尚武传统悠久,民办武校或武术馆应运而生,众多武术学校、习武场所的迅速发展,对于普及群众性武术活动和培养武术人才,发挥了积极作用。截至2015年,山东省济宁市已有69所民办武校。枣庄市已注册武术学校99所,其中"一级"以上武校11所,普通武校88所。[①]大运河区域历史时期商贸频繁,为了商品安全,运河区域尚武之风盛行。这里涌现繁多的武术拳种,也诞生了为人们喜闻乐道的武侠小说,更为人们留下了宝贵的体育非物质文化遗产,如正因当年大运河上那繁忙的船队,才有了沧州武术"镖不喊沧"的气魄。沧州武术至今仍然广泛流行,服务于群众健身,具有深厚的群众基础。

徽杭古道是重要的文明交往要道,承载着博大精深的徽州文化。目前,徽学、敦煌学、藏学已成为我国三大地方显学。徽州民俗体育丰富多彩,据调查,徽州地区9个县区共考察出民俗体育项目105项,平均每个区县11.7项。在歙县,课题组考察出的民俗体育项目最多,共计74种,占到总数的70.5%,其中有文献详细记载的40种,有文献记录但无详细记载的34种;在40种有文献记载的民俗体育项目中,歙县独有的共27种,它们分别是高跷、布龙舞、蛤蜊舞、瞻淇鱼灯、大刀舞、双忠会打标、甩流星、耍叉、竹马灯、叠罗汉、罗汉灯、舞抽担、文人雅士之舞、练武者之舞、道士舞等。[②]徽州主要民俗体育县域分布见表4.3。

其中,有些民俗体育项目被列为省级非物质文化遗产,如徽州的板凳龙,歙县

---

① 张永虎,胡洪泉.京杭运河体育文化建设路径研究[J].武汉体育学院学报,2017,51(4):15.
② 王凯珍,冯潮,余涛.徽州地区民俗体育的分布与特征研究[J].体育文化导刊,2014(7):48-52.

三阳镇叶村的叠罗汉,绩溪县的火狮舞、手龙舞、火马舞、游龙舟、抬五帝、跳旗等。这些民俗体育非物质文化遗产项目历史悠久,传承有序,深受人民群众的喜爱。

表4.3 徽州主要民俗体育县域分布

县域分布	总体数量	该县独有数量
歙　县	74	27
休宁县	6	3
祁门县	7	3
黟　县	1	1
绩溪县	9	5
婺源县	7	5
黄山区	8	4
屯溪区	10	6
徽州区	6	2

二、大运河—徽杭古道户外运动带的现状与特征

(一) 徽杭古道户外运动带的现状与特征

徽杭古道在2005年之前并不被重视,游客数量较少,但自2009年政府对徽杭古道进行管理体制改革,交由旅游运营公司运作后,古道旅游业绩迅速提升。随着国内健身热潮的兴起,徽杭古道成为户外运动爱好者的天堂。2013年,徽杭古道开始举办国际越野跑赛事,该赛事连续多年被评为精品体育旅游线路。2017年,徽杭古道被评为国家体育旅游示范基地,成为国内户外运动爱好者热衷的线路之一。从古代徽商贸易通道到如今的全国重点文物保护单位、户外拓展示范基地、乡村旅游地,徽杭古道实现了华丽的转变,休闲健身、旅游审美品牌效应初现。

(二) 大运河户外运动带的现状特征

1. 大运河户外运动带概况

在一系列国家利好政策推动下,大运河户外运动逐渐形成热潮。依托百度、中国运河网、大运河遗产等网站,对大运河户外运动进行不完全统计,绘制2008~2020年媒体公开报道的大运河户外运动次数的柱状图,如图4.3所示。报道最多的是2018年,达28次,涉及城市有杭州、扬州、淮安、高邮、聊城、镇江、苏州、沧州、济宁、德州、常州等;开展项目有骑行、徒步、高尔夫、马拉松、深潜、桨板赛、垂钓、露营、篮球、水上运动、龙舟赛、象棋、赛艇、武术等。活动主旨是传承非遗产项目、健

身休闲、走大运迎新年等。总体看来,大运河户外运动报道次数呈增加趋势。

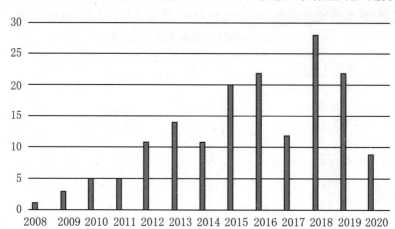

图4.3 2008~2020年媒体报道运河户外运动次数

2. 大运河户外运动带的特征

近年来,户外运动开展数量持续增长,特别是2018年、2019年健身休闲活动很多。2008年北京奥运会后,我国开始扭转竞技体育和群众体育发展不协调问题,开始重视群众体育和全民建设活动的开展。大运河户外运动数量开始增长,2014年、2017年是大运河户外运动带开展的两个重要年份。2014年大运河进入世界遗产名录。此后,包括发展户外运动在内的体育产业政策密集发布,运河户外运动带成为文化旅游带和经济增长带。2017年国家出台大运河文化传承保护相关文件,这些文件的颁布,对大运河户外运动的开展起到有力推动作用。

户外运动开展区域不平衡。大运河户外运动带基本涵盖大运河沿线所有城市,但活动开展以杭州、扬州、苏州、聊城、淮安、高邮等长三角地区城市为主,其他区域城市户外运动频度较少。大运河户外运动带的活动开展呈现区域不平衡的特点。

户外运动项目既传统又现代。大运河户外运动开展的项目比较丰富,既有传统体育项目,如武术、龙舟竞渡、走大运、舞龙、舞狮、风筝、抖空竹、垂钓、秧歌、竹马等,也有现代体育项目,如骑行、徒步、马拉松、高尔夫、深潜、皮划艇、桨板赛、漂流等。开展较多的是龙舟竞渡、马拉松和徒步等项目。

三、大运河—徽杭古道户外运动带的提升策略

（一）对接区域发展战略，融入多业态发展

国家提出京津冀一体化、长江经济带、长三角一体化等区域发展战略，运河经济带的构建将有利于沟通几大区域的合作和交流。而体育产业和体育事业的发展，全民健身的推动，则必须以经济战略为基础，大运河—徽杭古道户外运动带不仅具有重要的全民健身的社会价值，还具有深远的经济战略意义。

大运河—徽杭古道户外运动带沿岸各城镇有一定联系，但关涉省市较多，其中大运河涉及八省市，徽杭古道涉及皖、浙、赣等三省，跨区域、多部门协作机制尚未充分构建，多业态合作机制尚未畅通，因此需要建立涵盖各业态、各部门的户外运动城市联盟机制，在经济文化建设中不断提升户外运动带建设质量。

大运河更是重要的文化带、旅游带、绿色生态带，如何把大运河、徽杭古道悠久的历史文化、中华文化标识融入多业态发展是重要课题。为此，要重视把运动休闲融入文化产业发展，提升文化产业活力，大运河—徽杭古道户外运动带也需要借助文化产业发展，提升运动休闲品牌的塑造和建设。

（二）保护利用文化遗产，尤其重视隋唐大运河文化的研究和利用

2013年11月26日，习近平总书记在历史文化名城山东曲阜考察时指出，中华优秀传统文化是中华民族的突出优势，中华民族伟大复兴需要以中华文化发展繁荣为条件，必须大力弘扬中华优秀传统文化，对传统文化进行创造性转化、创新性发展。2017年以来，国家先后颁布《关于实施中华优秀传统文化传承发展工程的意见》《大运河文化保护传承利用规划纲要》《长城、大运河、长征国家文化公园建设方案》等文件。大运河—徽杭古道体育文化遗产不仅有高质量的体育文物，还有以武术为代表的中华国粹，这些都是我们在构建体育健身走廊中宝贵的财富，我们要本着保护第一的原则，在保护的基础上，进行创造性转化，以融入人们对美好生活的追求中。

京杭大运河和隋唐大运河是"实"和"虚"的关系，二者相得益彰。所谓"实"就是指京杭大运河仍然在发挥着航运、灌溉、休闲观光等功能。2021年6月26日，京杭大运河北京段全线通航，可以预见，京杭大运河未来将发挥更大的作用。所谓"虚"是指隋唐大运河尽管多半湮没于地下，但柳孜运河遗址等为人们展现"公家运漕，私行商旅，舳舻相继"的繁忙景象，是我们不能忘却的文化记忆。仅从户外运动带建设角度来说，隋唐大运河所受到的重视程度也是不足的，对大运河户外运动休

闲文化内涵发掘不足,特别是隋唐大运河体育文物的宝贵价值未得到足够重视。其实,隋唐大运河体育文物完全可以进行创造性转化,如依据体育文物绞胎球,开发目前在一些城市创新发展的唐球运动,唐球运动是根据捶丸运动改造而来的,受到民众喜爱。

(三)大力整治大运河—徽杭古道生态,营造良好户外运动环境

大运河现存河段水质存在不同程度的污染,影响运动休闲景观的构建;徽杭古道旅游发展进入快车道以来人居环境发生了重大变化,资本逐利驱动下盲目开发扩建造成的生态破坏,生计竞争带来的压力威胁增强,产生了一系列不利于人居环境可持续发展的因素。2013年9月7日,习近平总书记在哈萨克斯坦扎尔巴耶夫大学发表演讲时说到"我们既要绿水青山,也要金山银山。宁要绿水青山,不要金山银山,而且绿水青山就是金山银山"。这生动形象地表达了我们党和政府大力推进生态文明建设的鲜明态度和坚定决心。全民健身离不开良好的生态环境,大运河—徽杭古道环境的治理有利于群众健身走廊的构建。2009年杭州整治了47条河道,共清淤113.42万立方米,并在沿河岸边建设了60千米长的游人步行道,为城市绿道和环境治理提供很好的样板。

(四)加大风险防控,打造户外运动品牌

近年来,户外运动赛事的风险逐渐凸显。2021年5月22日,甘肃白银市景泰县黄河石林景区发生越野马拉松赛事重大事故,造成21人遇难,教训惨痛。因此,在大运河—徽杭古道户外运动带建设过程中,一定要树立"以人民为中心"的理念,加强风险防控意识,提升精细化服务水平。目前,大运河城镇户外运动已形成一定的品牌效应,如台儿庄的国际冬泳比赛、京杭大运河自行车赛、高邮半程马拉松等,但运河户外运动需要久久为功,打造一批户外运动文化品牌。

(五)大力培育社会组织,整合社会力量

举国体制对于我国竞技体育事业曾经起到过重大作用,但在市场经济为主导的改革开放事业中,举国体制出现一些和国家经济社会发展形势不相吻合的地方,体育社会组织力量微弱是重要表征。大运河—徽杭古道户外运动作为我国体育事业的组成部分,同样存在社会组织力量微弱的问题,为了构建大运河—徽杭古道户外运动带,必须大力培育体育社会组织。大运河极富感染力,以大运河为主题的徒步走、骑行等草根组织方兴未艾。如2015年4月11日,通辽新起点沃雷顿单车俱乐部会员及通辽捷安特单车俱乐部的车友共15人历时28天,骑行2700千米,途经9省市,完成了"飞跃科尔沁,箭指大运河"的骑行京杭大运河之旅,顺利返回家乡通辽。